シニアの品格

小屋一雄

小学館

シニアの品格

小屋一雄

もくじ

プロローグ

邂逅

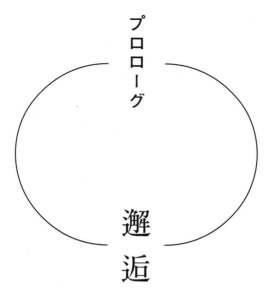

多くの企業で、50歳を過ぎた社員は「シニア人材」と呼ばれる。

東都インダストリーでは一部の取締役を除いて60歳に達した「シニア人材」は全員一旦定年退職となる。希望する者は再雇用されるが、雇用条件はその能力により新たに設定される。ほとんどの場合、給料は半減する。


シニア人材9年目の東条進一（59歳）にとってこの1年は、これまでの華やかな会社人生のツケを返すかのような屈辱に満ちたものだった。

新卒で東都インダストリーに入社してからの35年間は順風満帆だった。しかし2年前、ニューヨークのアメリカ支社長をしていた時に出世コースの最終コーナーで不運な〝アクシデント〟に見舞われた。

経営をしていた現地工場でセクハラが野放しにされていたことが明るみになり、フェミニスト団体から大規模な訴訟を起こされたのだ。新聞やニュースでも大きく取り上げられ、日本でも大企業の不祥事として話題になった。

結局賠償金を支払う事で解決したものの、支店長である東条は全責任を取らされる形で昨年帰国した。帰国後は本社の本部長か副社長あたりを狙っていた東条だったが、新しい役職は人事部長補佐・育成担当。部長補佐とはいえ組織開発課の課長・若森丈二（44歳）の実質上の部下であり、大きく格下げをされたことになる。

帰国前は「おれがセクハラをしたわけでもないのに、何でおれが全責任を取らされなきゃならないんだ」とぼやいていた東条だが、初出社の日には心機一転、「コストセンター（利益を生まない部門）としての立場に甘んじている人事部を何とか会社の成長エンジンに変える」という抱負を部員の前で熱く語った。

しかし、定年間際のタイミングで出世街道から脱落してしまった東条に対して社内の視線は冷たく、哀れみに満ちたものだった。

東条は、この1年でしっかりと成果を上げ、周りを見返してやろうと改めて心に誓った。

しかし、アメリカ駐在による7年間のブランクは大きかった。その間に本社での業務システムはかなり進化しており、東条はそれに追いつくのに苦労した。支社長時代は交渉が主な仕事だったが、本社人事部では事務仕事が主な業務となったことも東条には辛かった。日々進化するＩＴシステムは東条の老眼にはきつかったし、記憶力、意思決定の精度、業務スピードの低下は受け入れ難く、プライドが傷ついた。

さらに東条の気持ちを落ち込ませたのは、妻・知子との関係が悪化したことだ。知子は夫のポジションの格下げなど全く気にしていなかったのだが、東条自身は知子が自分の格下げにガッカリしていると思い込んでいた。そして妻の言動一つ一つから、怒り、軽蔑、あきらめを読み取り、自分がバカにされているように感じますます不機嫌になった。

一方、英語も話せないのにアメリカ駐在員の妻として7年間を乗り切っただけでなく、現地の人との交流を楽しむことも覚えた知子は、以前よりもずっと強くなっていた。知子は、東条の女々しい被害者意識にうんざりしながらも適当にやり過ごし、パートの仕事や趣味に専念していた。

そんな、一人でいきいきと人生を楽しむことのできる妻の姿が東条をさらにイライラさせた。

唯一東条の気休めになったのは、人事部という全く新しい仕事で必要とされる知識を学ぶことだった。

もともと勉強好きな東条だったが、人事や組織に関連する知識はなかなか興味深く、大量の本を経費で買い集め、週に2冊のペースで読み進めた。特に人材育成に欠かせない心理学の学びは興味深いものだった。

本社帰任後6か月が経った頃、東条の運命を大きく変える〝事件〟が起きた。

「シニア人材のエースとか言われている東条さんってさ、実はただのお荷物なんだよ。口ばっかりでかくて仕事トロいし。全く使い物にならない。おまけに、ヒマなもんだからいろいろ本を読んでいるみたいで付け焼刃のカタカナ知識を振り回してさ、うざいったらないんだよ。あれでニューヨーク支社長やってたなんて笑えるよ、ほんと。再雇用制度でさらにあと5年も会社に居すわるとか、マジ迷惑」

東条はトイレの個室で偶然年下の上司である若森課長らしき声を聞いてしまったのだ。もう個室を出ようと立ち上がった時だったが、ドアを開けることができなくなり、もう一度便器に座りこんだ。

間違いない、あれは若森だ。陰でこんなことを言っていたのか。

若森の同期らしいもう一人の声がした。

「でも、あと1年我慢すればいいんだろ。どうせ人事部は腰掛けだろうからさ。おれなんかあのアルマーニ近藤さんを3年も我慢したんだぜ」

アルマーニ近藤というのは、イタリア駐在をしていた近藤先輩のことに違いなかった。そんなあだ名が付けられているとは知らなかったが、たしかにメーカーの社員なのにファッションメーカーか広告代理店の社員のようにいつもイタリアのブランド服を着て、仕事は適当、典型的な「5時から男」だという評判だった。しかし、近藤は東条にとってはいい先輩で、何回か酒をおごってもらった楽しい思い出がある。近藤が60歳で定年退職をした際も東条の帰国直後にも一緒に食事をしている。

再び怒りがこみ上げてきて、今度こそ個室から飛び出してやろうかと思った。自分のことで怒るのはみっともないが、先輩の名誉のためならカッコがつく。しかしどうしても足に力が入らない。結局、若森とその仲間の気配が完全に消え、さらに10数えるまでドアをあけることはできなかった。

東条はその件について若森に問いただすことはしなかった。気にするほどのことではない、些細なことだ、所詮は「小物」の若森のことだ、と自分に言い聞かせていたのだが、そのトイレに近づくと鼓動が激しくなるのを止めることができなかった。しかたがないので、それからは毎回2階下の経理部のフロアまで降りて用を足すことにした。

そんな臆病な東条だが、ひとたび若森を前にすると決して気弱なところを見せなかった。

「まあ、お若いあなたはまだ知らないかもしれないけれど……」

「そんなことはもう何度もやってきたから結果は見えている」

「経験がないと本当の理解はできないな」

そんな言い草のせいで若森の反発心はさらに高まった。飲み会で若森が東条の愚痴を始めると同僚たちは「おっ、また若森節が始まったぞ」と手をたたき、そこで語られる東条の滑稽な様子が飲み会の格好のエンターテインメントになった。

同僚たちの後押しもあってか、東条に対する若森のいやみは次第に容赦なく厳しいものになっていった。

「経験豊富な東条さんですから、今度はミスなしでお願いします」

「経営者目線をお持ちなんですから、レベルの高いレポートを期待しています」


東条は自宅にいると独り言が多くなった。

「冗談じゃない。どうしてあんな何もわかっていない若造に指示されなきゃならないんだ。マネジメントの経験なんてほとんどないし、第一、ビジネス経験が少なすぎる。おれは37年間この会社を必死で引っ張ってきたんだ。ニューヨークでは500人もの部下をまとめてきた。それもほとんどが外国人だ。確かにアメリカでの事件はおれの管理の甘さにも責任があったかもしれない。だが、おれが悪さをしたんじゃない。悪いのは現地のアメリカ人たちだし、やつらを採用した連中だ。

それにしてもこの配属はあんまりじゃないか。こんな調子で来年は定年になっちまう。あんなガキとままごとしたまま定年かよ。能力があってもなくても60歳で一旦退職し再雇用制度の対象にするなんて、いったい何を考えているんだ、この会社は」

東条はリビングで、床にグラスを叩きつけた。気の短い東条だが、家でグラスを叩き割ったのは初めてだった。隣の部屋でその音を聞いた知子はため息をひとつつき、何事もなかったかのように最近始めた外国人向けスーパーのチラシ翻訳の仕事にもどった。


本音を聞いてもらえる友達がいない東条は、週末になると自動車ディーラーや家電量販店を冷やかして気晴らしをするようになった。そして、ある日セールスマンに乗せられてベンツのＥクラスを衝動買いした。何の相談もなく勝手に大きな買い物をした東条に知子は愛想をつかして２日間の家出を決行したが、東条は気にしなかった。「出ていきたきゃ出ていけばいいんだ」とうそぶいたものの、知子が帰ってきた時はもうコンビニ弁当を食べなくてもいいのだ、とほっと胸をなでおろした。

帰宅した知子は東条と必要最低限の会話しかしなくなり、東条もその状況を何とかしようなどとは考えなかった。

ベンツを買っても少しも気が晴れることがなかった東条は、次の手段としてしばらく休んでいた週末のテニススクールに復帰することにした。もう一度汗をかく習慣を身につければ多少は気が紛らせるかと考えたのだ。

アメリカ駐在中はもっぱら接待ゴルフに精を出していた東条だったが、本当に好きなスポーツはテニスで、通算30年以上のキャリアになる。帰国後すぐにこのスクールに入ったが、忙しくて半年くらいしか通わなかった。

それでも久しぶりにテニススクールに入ると、顔見知りのコーチやスクール生が声をかけてくる。

「あらシャチョウ、お久しぶり」

「おおシャチョウさん。お元気そうで。少しはヒマになりましたか。またダブルスがんばりましょうね」

「外のベンツしかも新車、誰かと思ったらやっぱりシャチョウでしたか。さすが」

実際に社長になったことはないが、そのふるまいからかスクールの仲間は東条のことを「シャチョウ」と呼んでいた。あるコーチが言い出したのだが、よほどぴったりだったのか、みんなが東条をそう呼んだ。そして誰よりも東条自身が「シャチョウ」と呼ばれることをまんざらではないと感じていた。

コートの中を眺めると、見覚えのないスクール生ばかりで少々居心地が悪い。

「はあ、はあ……ここで私は休憩っと」

手前のコートでやせた老人が肩で息をしながらプレーをしている。スライスしか打たないが結構年季が入っていてヘタではない。ただ、少し走るとすぐに息が上がってしまうので、5分おきくらいにグループから外れて勝手に休憩をとっている。コーチも周りのスクール生もそれに慣れているのか、別段練習の流れを乱してはいないようだ。

ヨボヨボぶりで目立っていたこの老人をしばらく観察してみたが、どうもスクール生たちとの親密さが際立っている。プレー中もヘロヘロになりながら活発に声をかけあっているし、レッスンが終わった後もいつまでもスクール生に囲まれて楽しそうだ。中高年の主婦、退職したサラリーマン、現役中年の男女、時には20代と思われる若者とも親しげに語りあっている。他のスクール生とは30秒以上の会話はほとんどしない東条から見ると、理解しがたいと共に、ちょっと羨ましかった。

「あの人は?」

渡米前からいる数少ないスクール生である開業医の吉田に聞くと彼は嬉しそうに答えた。

「ああ、あの方は奥野さんといって、ちょうど東条さんがいらっしゃらなくなった頃に入校したんです。テニスもうまいし一生懸命だし、何といっても人柄がよくて、みんなの人気者なんですよ。本職は学童擁護員、つまり緑のオジサンっていうんですか、あれをやってるらしいんですが、見てわかるでしょ、子どもにも好かれそうな感じのいい人だって」

見てわかるか、と言われてもわからない。ただのやせたじいさんだし、プレーは見るからに一生懸命だが、別段うまくはない。それより心臓発作でも起こしやしないかと心配で、とても思い切り打ち返す気になれないような風体だ。

東条は、とりあえず挨拶だけはしておこうと、廊下で奥野を囲んでいる輪の中に入っていった。

「これはこれはどうも、お名前は聞いていました、シャチョウさん——東条さんですね。お荷物老人の奥野です」

彼が自分の名前を知っていたことに悪い気はしなかった。ちゃんとあだ名と本名を覚えているあたりはしっかりしたじいさんだ。顔をしわくちゃにしながら挨拶をしてくるが、これがみんなに好かれるポイントだろう。

挨拶は適当に切り上げて、東条はロッカールームに向かった。みんなは東条が立ち去ったことには気づかず奥野との会話を楽しんでいる。

「やっぱり奥野さんと話すと楽しいわぁ」

「なんか元気が出るよね」

「『古井戸よろず相談』のおかげでまた1週間がんばれそう」

「私も奥野さんみたいな88歳になりたいですわ」

「奥野さんは品があるよねえ。品格、と言ってもいい」

そんな声が聞こえてくる。なんだ、あのじいさん『古井戸よろず相談』なんて怪しいビジネスしているのか。本当にあのじいさんと話をすると元気が出るのか？　仕事のやる気が出るのか？ばかな、そんな筈がない。しかしあれで88歳か、やけに元気だな。

東条は苦笑いをしながらスクールを後にし、まだ慣れていないベンツのエンジンをスタートさせた。

アメリカ支社長時代はクルマ通勤だったが、日本では満員電車での通勤に戻った。運転手付きの役員職の夢は叶わなかった。それだけでも東条を不機嫌にするには十分だったが、あの〝事件〟からは会社に向かうだけで若森の言葉が頭の中でぐるぐると巡り始め、毎朝怒りで体が震え、鼓動が激しくなり、時には駅のホームで動けなくなることもあった。

「東条さんってただのお荷物なんだよ。あれでニューヨーク支社長とか笑える……」苦笑いをする若森の憎たらしい顔が浮かぶ。

さすがに東条はこのままでは自分のメンタルがもたないと思い始めた。もう何でもいいから「すっきりしたい」「元気になりたい」と思った。しかし、会社の産業医に相談したり、心療内科に行くのは絶対に嫌だった。おれはおかしくなったわけじゃないんだ。

自宅ソファで横になりながらウトウトしていると、ふとあの奥野という老人のことを思い出した。

「あのじいさんと話せば本当にすっきりするのだろうか?」

東条は思わず持ち上げた頭をソファのアームにゆっくり戻した。

「いやまさか、老いぼれの話を聞いたらますます落ち込むだけだ」

そして、再びウイスキーの酔いにまかせて眠りにつこうと思ったが、なかなか眠気が襲ってこない。そしてまた、奥野老人のことを考えた。一度は思いとどまったものの、わらをもつかむ思いで老人に話を聞いてもらうことを決意した。

翌週の土曜日、スクール生に囲まれていた老人が一人になった時を見計らって近づき、周りの人に聞こえないように小さな声で言った。

「あの、すみません、奥野さん。ちょっと二人でお話ししたいのですが」

奥野老人は少し驚いているようだった。

「ああ、東条さん。何ですか？」

「あの、いろいろお話を聞いていただきたいのですが、今度改めてお時間をとっていただけませんでしょうか。その『よろず相談』っていうんですか、それなんですけれど、ちょっと急なので2倍の料金払いますから、2～3日中に1回お願いできないでしょうか？」

老人は一瞬考えて、いつものしわくちゃな笑顔で答えた。

「ええ、いいですが、タダの2倍はタダですよ」

東条は羞恥心からしばらく言葉を失った。すると、固まった東条に助け船を出すように奥野老人は続けた。

「仕事としてしている訳ではないのでお代などはいただいていないんです。よかったら明日の晩でどうでしょう。私はヒマなじいさんですからのう」

老人の穏やかな声に救われた東条は固い表情のまま答えた。

「え、ええ、ぜひよろしくお願いします」

「こちらこそ。社会の第一線で働いている方のお話を聞けるのはとても楽しみですから」

こうして「会社のお荷物」となったプレシニア・東条と奥野老人との対話が始まった。

第一の対話

傾聴

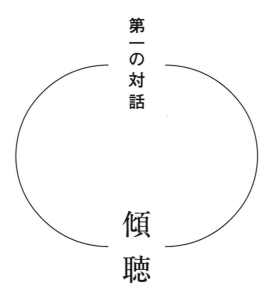

何を変えるのか

『古井戸よろず相談所』は井の頭公園から歩いて15分ほどの古い住宅街にあった。そこが奥野老人の自宅でもある。東条は一旦近くまで来たのだが、近隣にコインパーキングがなかったため吉祥寺駅の近くまでベンツを置きにいく羽目になった。

「コインパーキングくらいないのか、まったく。今どき遅れた地域だ」

ベンツをパーキングに入れた後、見知らぬ住宅地で独りよがりな悪態をつきながら、東条はふとこんなことをしている自分が情けなくなった。

老人の家は周りに更地が多く、見つけやすいところにあった。『古井戸よろず相談所』の看板は出していなかったが、〝OKUNO〟という表札がすぐ目につく所にあった。よく見ると、表札の横に『古井戸よろず相談所』と書いた紙が防水のためかラップに包まれて貼ってある。

建売住宅らしいその家は古びていて、小さな庭があり、丁寧に手入れされているであろう松が1本植えてある。東条だったら芝生でも植えるところだが、庭の真ん中に松とは、何かこだわりでもあるのだろうか。よく見ると、松の根元の方はのら猫にでもやられたのか、樹皮がボロボロになっている。

東条は、まずインターフォンを鳴らしたが誰も出てこないので鍵の掛かっていない玄関の扉を引いた。

東条「奥野さ〜ん。東条です。テニススクールの」

奥野老人「いやー、ようこそいらっしゃいました東条さん。さすが元気はつらつでいいですな」

奥の部屋から奥野老人が顔を出した。

老人「まあまあ、老人の暮らしですので汚いばかりですが、どうぞこちらに。椅子の方がいいでしょうから、どうぞそちらの椅子にお座りください」

そこにはやたらと背の高いこたつがあった。座椅子ではなく、脚のある普通の椅子で膝から入れるようになっている。こういう商品があるのかもしれないが、立て付けの悪さからするとどうも老人が自分で改造したものらしい。東条は籐椅子に座って背の高いこたつに足をつっこんだ。さすがに5月に電源は入っていないだろうと思ったがゆるめに入っていた。たしかに今日は少し肌寒いので悪くはない。

部屋の中を見回すと、子どものころによく遊びに行った祖母の家を思わせた。部屋の片づけはかなり行き届いていて、ちりもほこりも目につかない。東条の家よりもよっぽど丹念に掃除がされているようだ。きっと奥さんがしっかりしているのだろう。
東条「このこたつはなかなかのアイデアですね。これなら寒い日に重宝ですね」
老人「この年になると正座はひざによくないし、この方が掃除もしやすいんですよ」
東条「なるほど。しかしきれいにされていますね。奥さんはどちらに」
老人「またどこかで近所のばあさんと井戸端会議でしょう。お茶くらいは私でも出せますから。さあ、どうぞ。知り合いからもらった狭山茶ですが、お口に合いますかな」
　実際においしいお茶だった。しっかり者の奥さんにいれ方を教え込まれているのだろう。
老人「まあ、兎にも角にも、お忙しいのに遠いところわざわざ来ていただきまして」
東条「いえ、こちらこそ。で、どのように『古井戸よろず相談』を始めるのですか？」
　東条の愛想笑いは姿を消し、いつもの神経質な表情に戻っていた。
老人「どのように、と言われましても。普通にです」
東条「普通というと？」
老人「いや、ですから、こんな感じで適当に話をしながら、そのうちだんだんと他のことも話したりするんですわ」
東条「じゃあ、時間もありますし、早速始めましょう」

老人「そうですね」

東条「私は15歳下の上司の下で働いているんですが、これがいらつくんです。そいつは若森っていうんですすが、大して仕事ができないくせに生意気な奴でして、腹が立って仕方がないんです」

老人「そうなんですか」

東条「あの男は、本当に何かができるわけでもないんです。要領がいいといえばいいんでしょうけれど。本部長の顔色をうかがってばかりで、自分の意見なんか言いやしない。会議でも意味のある発言はまったくないし。というか自分の意見など持ってやしないんです。今の時代は変化が速すぎて、上からの指示なんて待っている奴は使えないんです。自分の頭で考えて自分で判断しなければいけないんです」

老人「ほう」

東条「情けない。若いったってもう40過ぎの大人ですよ。しっかり議論をしろってんだ」

老人「あの……」

東条「それでいて陰では偉そうに人のことを用無し扱いしやがって。ちゃんと自分で結果を出せるようになってから威張れってんだ、まったく。こっちは来年再雇用制度を受けなきゃならん身の上なんだ、ガキと遊んでいる場合じゃないんだよ」

老人「あの、東条さん」
東条「あ、すいません、つい興奮してしまって」
老人「いえ、大丈夫です。なるほど、大変ですな。で、その歳下の人はおいくつなんですか？」
東条「だから、15歳下、つまり44歳です。私は59歳です、ちなみに」
老人「44歳と59歳、いいですなあ、お二人とも若くて。私なんかもう88ですからのう。羨ましいですわ。59歳、まだまだ何でもできますなあ。私が59の時は……」
東条「それでですね、その44歳の若森ですけどね、そいつが私の事をお荷物で使い物にならなくて、いない方がいいなんてぬかしたんです」
老人「ほう、そんなことを東条さんに向かって言ったのですか？」
東条「いえ、奴がそう言っているのをトイレで聞いたんです。私が個室に入っているのを知らないであいつが同僚にそう話していたんです」
老人「さすがお若いから耳がいいんですな。私なんか火災警報が鳴ったって聞こえないと思います。特にトイレの中では集中していますからなあ。ほほほ。でも今は、ほら、補聴器をしているからちゃんと聞こえます、ご安心ください。これはなかなかのすぐれものでしてね……」
東条「それで、困っているわけです！」

老人「ああ、それはお困りでしょう」
東条「そうなんです。困っているんです。……まいったな、なんか調子が狂うな。それでね、どう困っているかというと、おかげでどうもうつっぽくなっちゃったんです」
老人「うつですか」
東条「いや、まあそんな大したもんじゃないかもしれません。ただ、もういろんな事に興味がなくなるし、やる気がなくなるし、つまり元気が出ないんです」
老人「なるほど」
東条「いや、これじゃ、タダの愚痴になってしまう。何を相談したいかというと、そう、私はこの状況を変えたいんです。そのために、あいつを何とかしなきゃならないんです」
老人「その、若ものさんをですか」
東条「若森です」
老人「その方を何とかする、つまりその人を変える、ということでしょうか?」
東条「いや、奴を変えるなんてことはできないでしょう。魔法使いでもなければ」
老人「はい」
東条「何かを変えなければならないのでしょうか」

老人「さあ、私にはわかりませんのう」

東条「もちろん、何かを変えなければ何も解決しないですよね。では、何を変えなければいけないんでしょうかね。ここにいない若森をここで変えることはできないし」

老人「では、私ですかな」

東条「ははは、面白いことを言いますね。あなたを変えてどうするんですか。変えなければいけないのは環境です」

老人「環境は変えられるんですか」

東条「まあ、私一人の力ではすぐには無理でしょうね」

老人「そうですな。では、何ですかのう」

東条は大きく息を吐いた。

東条「じゃあまあ……わ、私ですかね」

老人「そうですな。それなら変えられるかもしれませんな」

東条は不快感を隠さなかった。老人から目をそらし、赤茶けた部屋を眺めた。襖の間から三毛猫が出てきた。老人が「ミヨ」と声をかけると小さくみゃ～、と鳴き、隅の椅子に飛び乗った。

東条「でも、それはおかしいでしょ。私は何も悪くないんだし。被害者なんですよ。『古井戸よろず相談』の依頼人でもあるし」

解決しない対話

沈黙が続き、このわけのわからない対話もここで物別れか、と思っていると奥野老人がおだやかな声で質問を始めた。

老人「東条さんは今、どんな気持ちですかな?」
東条「どんな、って。怒っています。ここで吐き出して少しすっきりしましたが」
老人「少しすっきりしたけれど、まだ怒っているのですな」
東条「ええ、そうです。まだイライラしています」
老人「それは、どういうことなんでしょう」
東条「どういうって……どういう意味ですか?」
老人「そう、どんな意味があるのでしょうかのう? つまり、ここで東条さんがその話をされるのは何のためなんですか?」
東条「それは明白です。あなたに聞いてもらって解決してほしいから話しているんです」

老人「解決はできませんな」

東条「解決できない？　何を言っているんですか。ここは『よろず相談』でしょ。解決できなきゃ意味がないじゃないですか」

老人「私なんかに解決したり答えを出したりするのは無理ですのう」

東条「冗談はやめてください。こっちだって忙しいんだ。解決してくれない、答えを出してくれないよろず相談なんてインチキじゃないですか。私はそういう答えの出ないあいまいな会話が大っ嫌いなんだ」

老人「そうなんですか。東条さんはいつも『答え』を出そうとされているんですか」

東条「当たり前じゃないですか。答えが出なければ会話をする意味なんかないですよ」

老人「なるほど。そうかもしれませんな。では、やっぱり私などと話をしても役には立たないかもしれません」

東条「よく言いますね、あなた。ああ、そうですね。たしかに役には立ちそうにありませんね。あきれたもんだ。そんなんでよく『古井戸よろず相談所』なんて名乗りますね。恥ずかしくないんですか」

老人「恥ずかしい話かもしれないですな。でも、みなさん、お話を聞いてあげるだけで、自分たちで勝手に解決して、勝手に満足して帰られるんです。私にも何が起こっているのかはよくわからんのです。だからお金なんかとてもとれないんですわ」

東条「聞くだけ？」

老人「はい、だってそれ以外私にできることはありませんから」

東条「そのようですね。それでみんなが問題を解決して帰るなんて考えられない。あなたに話をするだけで解決するなんて、論理的におかしいじゃないですか」

老人「論理的にはおかしいのかもしれませんのう。でも、聞いてもらうだけで人生が変わるってことはあるんですわ」

東条「そんなことはありえない」

老人「あるんですわ」

東条「じゃあ、実際に聞くだけで何か大きな変化があったとか、重要な成果を生み出したとか、そういう実例を教えてください」

老人「そういうことでしたら、実際に私の人生を変えた経験をお話しできます」

東条「あなたの人生が聞いてもらうだけで変わったというのですか？　何の解決も見出さずに」

老人「そうなんです」

東条「それは面白い。聞こうじゃないですか」

老人は椅子に座りなおし、これから紙芝居でも始めるように背筋を伸ばし、東条を正面から穏やかな目で見つめた。

老人「実は、私はもともと何の取り柄もないくせに自分勝手で、自分の事しか考えない、迷惑な男だったんです。若い頃は誰でもそうなのかもしれませんですが」

東条「そうなんですか。そうは見えませんけれどね」

老人「人一倍自分勝手だったんだと思いますな、私は。東条さんのように一流の世界にいたわけではないんですが、一応競争社会の中で生きていたんです。その時はちょうどその若ものさんと同じくらいの年頃でした」

東条「若森ね。若森の年頃のあなたを想像すると何だか不思議な感じですね」

老人「ホントどうしようもないダメ男だったんです。でも私が少しましな人間に変われたのは、名も知らないある方のおかげなんですわ。

今思い返すのも恥ずかしんですが、その頃事務をしていた私には、中西君という優秀な部下がいたんです。ちょうど私が係長に昇進しそうな時だったんですが、どうもその中西君の方が周りからの評価も高くて、昇格も何もかも追い越されそうな感じだったんです。それで私は中西君に対して嫉妬をしていたんだと思うんですが、あまり仕事で協力をしなかったり、時には嫌がらせをしたりしたんです」

東条「まあ気持ちはわかりますよ」

老人「そうすると、中西君の事がどんどん嫌いになって、その名前を聞くだけでイライラして、仕事も手がつかないくらいになったんですわ」

東条「それではますます自分の評価が下がってしまいますね」

老人「そして、実際に次期係長は中西君に決まりましてのう、私はますますやる気をなくしました。中西君との人間関係も悪くなって会社での居心地もとても悪くなって」

東条「へえ、年功序列の時代でもそういうことがあったんですね。でもなんだかその情景が目に浮かぶようです」

老人「それで、仕事中にサボって、近くの公園で時間をつぶすようになったんです。ある日、公園でぼんやりしていたとき、私より10くらい年上の、丁度今の東条さんくらいの年頃の方が私が座っているベンチに近づいてきて『あなたもオイルショックでやられたクチですか？』って言うんです。あの頃はオイルショックの影響で仕事がなくなった人がそこいらじゅうにいましたからのう。『違います』と言うと『じゃあ、どうしたんです？』って」

東条「オイルショック。たしか73年に原油価格が4倍に跳ね上がった時ですね。覚えてます。深刻な雇用不安を招いていたんですよね」

老人「さすがよくご存じですな。その方の眼差しが優しくて、私はつい自分の事をベラベラと30分くらい話したんです。その間その方は『そうですか』『それは大変だ』『辛いですね』なんて言いながらじっと聞いてくれて、私はなんだかすっきりしてしまったんですのう。そして気がついたんです。私は聞いてもらいたかったんだって。聞いてもらうことで、わけのわからない嫉妬で感情をうまく手なずけられなくなっていること、なぜか部下の成長を自分が不快に感じていることに気づいたんです。部下の成長は喜ぶべきことだし、彼を育ててきた自分への評価でもあるのに、私は中西君がつまずくことを願っていたんですわ。中西君はとても素直な気持ちのいい青年だったんですがのう。そして、自分のやっていることのバカバカしさに気づいたんです」

東条「なるほど、聞いてもらうだけでそこまで自分を客観視できたんですね」

老人「そして、そのとおりに伝えると『みんなそうなんですよね。誰もが聞いてもらいたい。だのにみんな忙しくて人の話なんか聞いていられないんですよ』と。そしてその方が寂しそうに言ったんです。『ある意味仕事がなくなってよかったんです、私は。こうやって人の話をじっくり聞けるようになったんですから』。私はその時、その方もかなり苦労しているということに気づきました。でも、それよりも自分の事を優先して、その方の事は考えませんでした。すぐに中西君のところに行ってお祝いの言葉を伝えようと思ったんです。そう伝えると、『どうします？』って言うから『今すぐに会社に戻ります』と答えました。そしたら『じゃあ急いだほうがいいでしょう。中西さんは出かけてしまうかもしれませんよ』とおっしゃるので私はすぐ立ち上がりました。すると去り際に、その方が『これまでは何であったか、これからは何であり得るか、ですよ』とおっしゃったんです」

東条「深い一言ですね」

老人「ええ。それから、人との接し方が変わったんです。人の話をただ聞く事、判断も助言もしないでただ聞いてあげることがどれだけ重要なことかよくわかりましたから」

東条「ふーん。で、その方とはそれからもお付き合いしているんですか？」

老人「いや、それがそれっきりなんですわ。何度もその公園に戻ったのですが、一度も会えませんでした。失礼な話ですよのう、オイルショックの影響で本当に大変な思いをしていたのはあの方だったろうに。私はさんざん話を聞いてもらって自分ばかりいい気持ちになって、自分はちっともその方の話を聞かずに飛んで帰ったのですから。今でも後悔しています。せめてお名前だけでも聞いておけばよかったと。私の人生を変えた方ですから」

老人「それからただただ聞くということをするようになったんですか？」

東条「そう努力するようになりました。あの方に対するせめてもの恩返しと思って、できるだけ人の話を聞くようにしたのです。どんな話でもくだらないなどと判断しないで、あの方のように真剣に、アドバイスをしようとなんて考えずに、ただ真剣に聞くんです。今回は東条さんがうまい具合に質問されるので話しすぎていますけどのう」

「ただ聞く」

東条「そうやって人の話を聞くのが得意になった訳ですか。でも、難しくありません？」

老人「いや〜、むつかしいですのう。聞くように努力はしましたが、ついいつもの自分本位に戻ってしまう。私もまだまだ忙しかったですからね。自分のことを話したいという欲求が強かったんで、いつもいい聞き役にはなりきれませんでしたわ。特に家内に関しては何度も失敗しました。根が短気なんでつい偉そうに指示しちゃうんですな」

東条「それが普通ですよ」

老人「でも、もう10年前からはしっかり聞けるようになっていますけれど」

東条「ほう、10年前に何かあったんですか?」

老人「まあ、ほんのきっかけですわ。家内は65歳を過ぎたあたりからスーパーやらいろんな店で店員の態度が気に入らないとやたらと文句を言って立ち去らない、嫌な客になったんです」

東条「ああ、いわゆるクレーマーですね」

老人「さんざん文句を言った挙句、自分の勘違いだと気づいても決して謝らないで、怒ったまま帰る。一緒に行っても不愉快だったし、一人で買い物に行かせるのも不安だったんですなあ」

東条「ああ、ウチもその気《け》があります」

老人「その時に前に話した恩人のことをまた思い出しましてのう、とにかく家内の想いをとことん聞いてみようと決めたんです。『お前の思っている事を聞かせてくれ』なんて言ったら家内は驚いていましたがのう、次第にたまっていた想い、主に愚痴ですが、だらだらと夜中まで3時間ぐらい話し続けたんですわ。私はそれを聞き続けました」

東条「3時間。それは苦痛以外の何物でもないんじゃないんですか」

老人「そのときはもう、ただただ我慢してうんうんと言いながら聞いたんです。そうして1週間ほど毎晩話を聞いたころ、家内の態度がずいぶんと落ち着いたんですわ。驚きました。ちょっと聞いてあげるだけでこんなに変わるんだと」

東条「毎日3時間を1週間、21時間じゃないですか。ちょっとではないですよ、それは」
老人「今考えれば、ちょっとしたことです」
東条「奥さんはそれからどうなったんです?」
老人「もちろん夫婦ですからいろいろありますが、関係はおおむね良好です。家内も聞く事の威力はわかってくれましてのう、今じゃいろんな人の話を聞くようにしているみたいです。こんな簡単なことで人が変われるとはのう。でもこんな話では東条さんのご要望には合いませんかな、やはり」
東条「いえ、なんか腑に落ちないけれど、興味があるのでもう少し続けようと思います」
老人「そうですか。では、続けますかな。で、なんでしたっけ、お話は」
東条「えっと、だから、年下の上司がいるという話でした」
老人「それで?」
東条「それで、その若森ってやつなんですけど、たいして仕事もできないくせに生意気でイヤミだって話です」
老人「そうそう、思い出しました。で、東条さんは若ものさんに怒っているんですな」
東条「ええ、そうです。若森に怒っているんです。……でもなんだか変だな。こうして話しているとあまりムカつかなくなってきました。そういうことなのか。で、あなたは私にその、怒っているってことにどんな意味があるのか、なんておかしな質問を投げかけてきたわけです」

老人「ああ、そうでしたね」

東条「それでね、こうやって2度も説明してみると、なんだかたいしたことではないように感じてきます。不思議なもんだけれど。あと、意味についてですが、こうやって客観的になると、何となく考えられるな。心理学ではね、怒りには自分をわかってほしいという欲望が隠されていると言われているんですよ」

老人「ほう、そうなんですか。さすがいろんなことをご存知ですな」

東条「ええ、まあ。組織づくりの仕事で必要なので心理学の本も読んでるんです」

老人「勉強になりますのう」

東条「でね、私はまずあなたにこの怒りを聞いてもらって、私が正しいということをわかってほしかったんだと思います」

老人「なるほど。それでどうしようと思ったんですかな」

東条「うーん、多分あなたに自分が間違っていないと言ってもらった上で、何かアドバイスをもらって状況を変えたかったんだと思います。でもわかってます。あなたは私が正しいかどうかなんて判断しないし、アドバイスもしないんですよね」

老人「そうですな。でも、どんなアドバイスを期待していたんですかな？」

東条「うーん、そうだな。たとえばこんなことをすれば、あるいはこう言えば若森の態度がガラッと変わる、とか」

老人「若ものさんを変えるってことですか」

東条「若森、いや、もう若もののままでいいです。そうです。でもさっき話したように、若ものを変えることはできないんですよね」

老人「他人を変えるのはむずかしいですのう。私も昔からいろいろと試しましたが、他人を変えようとして変えられた試しはないですわ。妻も何度も変えようとしましたが無理でした。そのうち自分が変わってしまいましたがのう。でもそうすると今度は家内が変わるんですなあ」

東条「またそこに戻ってきましたね。つまり、まず自分を変えるってことですか」

老人「そうかもしれませんな」

東条「なるほどね。じゃ、私は変わるためにまず何をすればいいのでしょう？　何を変えればいいんですか？」

老人「そうですのう、私が東条さんを変えることはできないし、ご自分で変わりたいのなら変わるように何かをすればいいのではないですか」
東条「そりゃそうでしょう。何だか禅問答みたいになってきましたが、どうしましょう？」
老人「どうしましょうか」
東条「うーん、難しいな。今やるべきことは大体やっているし。そうだな、やっていないことといえば、何でしょう？」
老人「何でしょうかのう」
東条「何だろう。うん、そうだ。今日話したような『聞く』ということかな。私はそんなことにそれほどの意味があるとは思っていなかった。でも、あなたがその効力を教えてくれましたからね。やってみてもいいかもしれない」
老人「そりゃ、いいですな。じゃ、やってみますか」
東条「ええ、聞くように努力すればいいんですね」
老人「そうです。でも聞くように努力するだけではなく、絶対に答えとか結論を出そうとしないと心に決めて話を聞くことを試してみてはどうですかな？　その若ものさんと、あと奥さんに対しても」
東条「若森と、妻もですか？　あいつは関係ないでしょう」

老人「いやいや、私の経験では近しい人から始めるのがいいのです。その2人についてとことん『聞く』ってことでいきましょうか。2週間後にまた報告してくれますかな」

東条「アドバイスしないくせに、最後は強引ですね。まあ、いいでしょう。やってみましょう」

老人「はい、やってみましょう」

奥野老人は東条を満足そうに眺めた。うまい具合に誘導されたな、と思いながらも、東条も同じく、とても満足した気分になっていた。自分でもそれが不思議だった。

東条「ところで、これはどうして『古井戸よろず相談所』というのですか」

老人「ほほ、それは私にもようわからんのです。むかし相談というかお話をしてくれた方が、『あなたと話していると古井戸に話しかけているような気がする。自分の声がそのまま響きながら戻ってくるみたいで』とおっしゃったんです。私はその意味がよくわからんかったのですが、人に聞いてみるとみんながそうだそうだ、と言い始めて、それから『古井戸よろず相談所』と呼ばれるようになったんですわ。あと、なんでも英語で水みたいな、という意味もあるらしくて、なよなよした私に合っているんでしょうかのう」

東条「なるほど、fluidですね。流動体とか形のないもの、という意味がありますね。なるほど、古井戸とfluidか。なかなか洒落た名前だったんですね」

老人「そうなんですか。私としてはただの『老人との茶飲み話所』でいいかと思うんですがなあ」

東条「いやいや、それじゃあ客が来ませんよ。少し謎めいているところがいいんでしょうね」

老人「そうですかな」

『古井戸よろず相談』1回目はこのように終了したが、東条は帰り道に自分が不思議な感覚で満たされているのを感じた。結局話を聞いてもらったり昔話を聞かされたりしただけだ。解決につながるかどうかもわからない。何だか言葉遊びをして煙に巻かれたような気もする。でも、普段使わない頭の筋肉を使ったのだろう。すっきりしている。少なくとも脳のトレーニングには悪くないようだ。

理屈では納得できないものの、感覚では受け入れ満足している。そんな今まで味わったことのない感触を味わいながら、東条は『古井戸よろず相談』をしばらく続けてみることにした。正直、次回また奥野老人に会うのを楽しみに感じていた。

そして、自分でも意外だったのだが、東条は奥野老人との約束を忠実に守った。まずは知子の話を夜中まで聞いた。ほとんどが自分に対する愚痴で反論が喉まで出かかったが、グッとこらえて聞き続けると、知子の表情がどんどんおだやかになっていくのがわかった。

知子で結果を出せたので、約束通り若森の話も我慢して聞くことにした。こちらの方がハードルが高そうだったが、実際に話を聞いてみると内容が仕事の話なので辛抱がしやすかった。よく聞いてみると、思ったよりも若森の理屈には筋が通っていると思うことも増えた。そして、驚くことに若森の態度も少しだけ変わってきた。それまでの東条を見下しているような目つきは少なくなり、敵意もあまり感じられなくなってきたのだった。

聞いてもらうだけで
人生が変わることはある

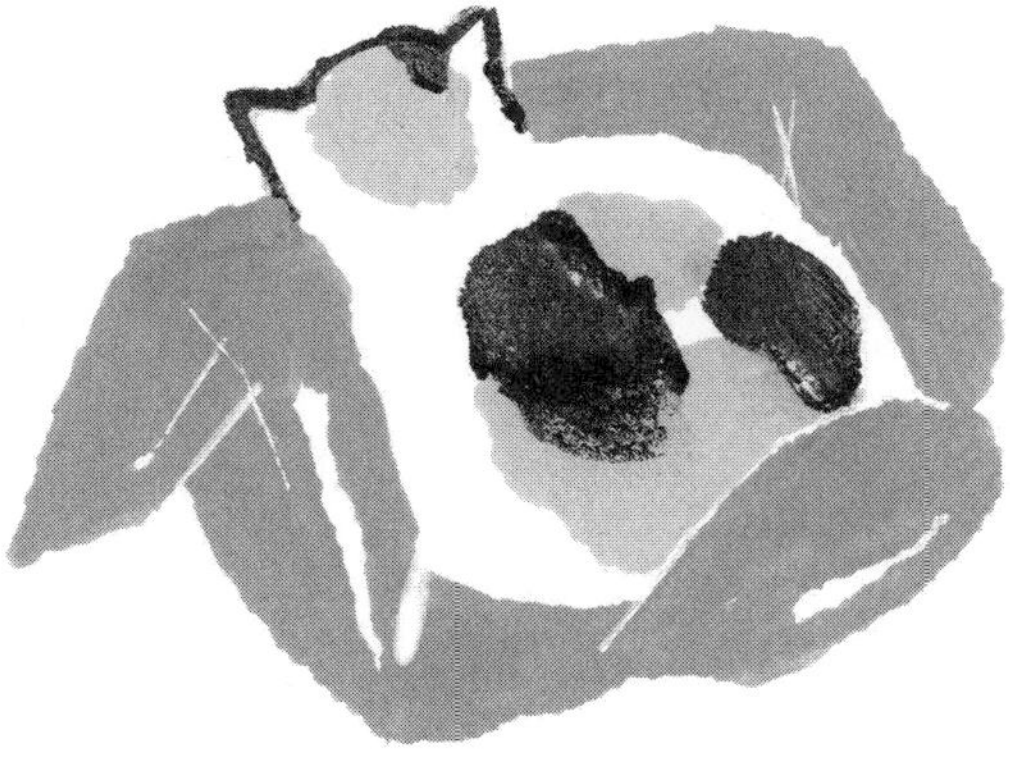

第二の対話

時間

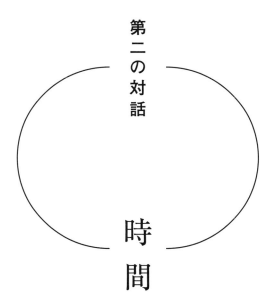

人生時計

2週間後、東条は吉祥寺駅から早歩きで『古井戸よろず相談所』に向かった。

東条「こんにちは、東条です」

老人「はい、こんにちは。どうぞどうぞ、勝手に上がってくださいな」

奥では老人がこちらを向いて例の背の高いこたつに座っていた。もう慣れたこたつ付きの籐椅子に座り、あいさつもろくにしないで話し始めた。

東条「大変なんですよ、奥野さん。若森の話を黙って聞いてやったら、あいつもだんだん私の話を最後まで聞いてアドバイスまで求めてくるようになったんです。まるで私をあてにしているかのような目つきでいろいろと尋ねてくるんです。あと、妻についてもね、話をいつまでも聞くのは苦痛だったんですが、とにかく耐えて耐えて聞き続けたら機嫌がよくなって、朝飯と弁当のメニューが格段に良くなってきました」

老人「ほう、それはよかったですな」

東条「一体何なんですか、これは。あなたは何をしたんですか?」

老人「何なんでしょうな。ただ、聞いてあげると人は変わる、というのは真理のようですね。私もそれに気づくまでに何十年もかかりましたが」

東条「不思議ですね。あなたも例の見知らぬ人に出会って気づいて、さらに長年かけて身につけたんですよね、このテクニックを」

老人「いや、テクニックなんてものではないです。ただ聞くだけですからのう」

東条「テクニックではなく、何でしょう」

老人「さあ、何でしょうな」

東条「きっと、『あり方』みたいなものでしょうかね」

老人「そうですのう。東条さんは川というものをどんなものか説明できますか?」

東条「そうですねえ、雨とか湧き水とか雪解け水とかを高いところから低いところへ地表を沿って流すもので、太いものから細いもの、そして長いものから短いものまで、いろいろあります。こんなところでいいですかね」

老人「さすが東条さん。そうです、確かに川はそういうものですが、しかしそれだけでは川は説明できないんです。川は高いところから砂利や小石を運んできたり岩を削ったりしながら、それぞれの場所で違った小石などを堆積させているんですわ。ですから、川底には無数の小石があって、そこにはそれぞれ個性的な顔があるんです」

東条「そりゃそうでしょうけど、それはかなり細かい話で、川といったらふつうは川底ではなくて流れそのものを指すんじゃないですかね」

老人「そうですな。世の中も川と同じでしてのう、人は川の流れは見ても川底の小石には気づかないように、人は出来事やいろいろな考え方には目を向けるんですが、人ひとりひとりには目を向けないことが多いんですわ。たとえば歴史というのは川の流れを描いているものだと思います。でも、歴史の中で生きるということはそれぞれの小石と戯れることなんだと思うんですわ。川の流れを眺めただけではわからないことがたくさんある。そして1つ1つの小石に話を聞いてみれば、大きな流れの底に隠されている、もっともっと面白い物語が楽しめると思うんですな」

東条「なるほど。なかなか詩的な表現ですね。まあ、そういった見方ができるのがシニアの『あり方』なんでしょうかね。でもね、そんなことしていたら時間ばかりかかって仕事になりませんよ。効率を求めますからね、今の人は。まあ、あなたに効率の話をしてもしょうがないですかね。でも、確かに『聞く』ということの大切さとそのパワーについてはよく理解できたような気がします。ある程度の時間的な余裕がある時に、という条件付きですが。とにかく、これからもっといろいろ教えてもらうのが楽しみです」

老人「いやいや、私は何も教えられませんがのう」
その後、老人は「んー」と唸ったまま目をつむって黙り込んだ。体調が悪そうには見えないが、普通の状態ではない。「まさかおれの目の前で死んじゃうんじゃないだろうな」などと不謹慎な事を考えていると、老人は目をギョロっと見開き、また閉じ、そしてしばらく沈黙した。
東条はひょっとしたらこの老人はとんでもない超能力者でここで何か『古井戸よろず相談』に隠されている奥義でも披露してくれるのではないかと期待したが、やがて老人の口元から小さな気持ちよさそうないびきが聞こえ、少しがっかりした。
東条「ちょっと、奥野さん！」
老人「……は、はい！」
目をあけて姿勢を正すと、老人はよだれをふきながら恥ずかしそうに東条の方を見た。
老人「すみません、私はどこでも眠れるんです」
東条「話している相手の前で眠れるなんて、一種の才能ですね」
老人「ほほ、そうかもしれませんな。失礼しました。で、何の話だったですかのう」
テニスのプレーといい、背筋の伸びた姿勢といい、年の割に健康そうな老人ではあるが、やっぱり年相応に老いてはいるな、と東条は思った。そりゃそうだ、88歳だもの。お茶を入れるあの手だっておぼつかない。

東条「だから、聞くことのパワーはわかったけれど、時間がかかってしょうがない、と私が言ったんです」

老人「そうでした。う〜ん、東条さんは随分時間を気にされるようですな」

東条「もちろんです。人生は短いですからね。私は若い時からそう考えていました。人生が長いか短いかは議論の余地がありますが、時間は私たちを待ってくれない、これは不変の事実ですからね」

老人「おっしゃる通りです。特に歳を取ってからは時間が経つのが早いですのう」

東条「その通りです。歳を取ると同じ期間のこれまで生きてきた時間全体の中での比率が小さくなるからそう感じるのだ、という説があります。例えば20歳の時の1年は人生の20分の1ですが、60歳の時の1年は60分の1。ちっぽけな割合しかないという訳です」

老人「なるほど。そういう事だったんですか。88分の1。1年が短い訳ですわ」

東条「そうですね」

老人「時に東条さん、お歳はいくつでしたかな」

東条「ですから59です。もうすぐ60歳の定年で、だから再雇用制度の話になったんです」

老人「ああ、そうでしたなあ。60歳ですか。お若くていいですのう。ところで、人生を24時間としたらいま何時頃だと思います？」

東条「はい？　何のことでしょう？」

老人「ですから、人生を1日の朝から晩までと考えると、今は何時位かということです」

東条「なるほど。まあ夜の10時くらいですかね。もう人生の大半は終わってますから」

老人「じゃあ、計算してみてください。日本人の男性の寿命を80歳として、1日24時間の中で今は何時ですかの？」

東条「えっと、24を80で割って、60をかけて。あ、18時だ。まだ夜の6時か」

老人「そうみたいですな。まだまだじゃないですか。いつも夜の6時ってどんな気分ですごしていますか？」

東条「そうですね……さっさと仕事を終わらせて、飲みに行くなり、家に帰って好きなことをするなりを考えて気持ちを切りかえている、ちょっと楽しみな時間帯ですね。今そういう時間帯だということですか？」

老人「さあ、どうですかな。で、奥さんはいくつですか？」

東条「ええっと、55です」

老人「女性の平均寿命はさらに高くて、たしか86歳ですわ。そうすると何時ですかの？」
東条「15時20分です。そうか、あいつまだまだ夕方前か」
老人「私はもう午前2時です。まだまだ夜更かしするつもりですけどな。ほほほ」
東条「なるほど、面白いですね。実に興味深い。人生時計か。たしかにまだやれることはたくさんあるんだろうな。でもちょっと待ってください。ここでは1日の始まりを人の誕生とたとえていますよね。でも朝の0時に起床する人なんていないですよ。1日24時間と言いますけれど寝ている時間を含めるのはちょっとずるいんじゃないですかね」
老人「ずるい？」
東条「ええ。寝ている時間は意識がないんだから人生時計に入れない方がいいでしょう。さらに厳密に言うと、幼児期の5歳くらいまでは人生としての意識がないから引いた方がいいかも知れない」
老人「よくわかりませんが。どうすればいいですかな」
東条「計算してみますよ。睡眠時間を7時間として1日17時間としましょう。そして平均年齢のうち5年間は人生の意識がないとして5を引きましょう。80－5の75歳で17時間と考えればいいんです。同じく私の年も5歳引いて59－5の54としなければなりませんね。そうすると、17÷75

×54、それに7を足すと……午後7時か。あまり変わらないな」

老人「？？？」

東条「いえ、1日の起きている時間と5歳以降の人生の期間でもっと厳密に計算し直したんですが、午後7時でした。1時間進みましたが、意味合いはあまり変わりませんね。気にしないでください」

老人「私は計算はさっぱりですから……。で、東条さんは何をしますか？　たっぷりある残りの時間で」

東条「そうですねえ。時間があるなら何か新しいことを始めたいですね。昔やっていたバンドでもまた始めようかな。昔ドラムをたたいていたんですよ」

老人「太鼓ですな。経験があるなら今から極められるかもしれませんのう」

東条「テニスももっとうまくなりたいな」

老人「もう十分にうまいですよ。今度はプロでも目指すんですか？」

東条「ははは。確かにこう考えるとなんだかワクワクしてきますね」

東条はここでアインシュタインが「時間の速さは絶対的なものではなく、観察者によって変わるものだ」というようなことを言っていたのを思い出した。

東条「まだ夜がたっぷりあるといっても時計の針の動く速さが時間帯によって違いますよね。つまり感覚として時間のスピードが速かったり遅かったりしますよね」

老人「そうでしたな。確かに、歳を取るとどんどん時間のスピードが速くなりますから。しかも、時間はスピードが速くなるだけでなく、密度も増すんですわ」

東条「時間の密度？」

老人「はい。私はご覧の通り基本的にダラダラ生活を楽しんでいますが、それだけだと不安になるものなんです、特にこの年になりますとな。死が遠くないのにこんな調子で余生を過ごしていいのか？　って考えるんです。そんな不安は嫌なものです。でも、そんな不安があるから持てる境地というものもあるんですわ」

東条「よくわからないです。その境地が時間の密度なんですか？」

老人「ええ。『死』に近いと感じるから、全てのものに終わりがある、という真実に気づくんですわ。不老不死などこの世にはないと」

東条「なるほど。無常観ですね」

老人「その無常観ですが、若いころは頭ではわかっていても感覚ではわかっていないもんなんですわ。まるでこの日常がこれからも永遠に続くように錯覚して、ただこれから起こることに楽観的で、ワクワクしている」

東条「そうですね。連中は人生について深く考えたりしやしませんよ」

老人「悪いことではありませんがな。だからこそ人生を楽しんで、イキイキと仕事なり勉強なりができるわけですから」

東条「でも、もうちょっと考えてほしいですがね」

老人「まあ、いずれは考えることになるんですがのう。それでいいんです。で、そんな気分になりますとな、自分にとって大切なものがわかってくるんですわ。そして、大切なことだけやりたくなるんです。若いうちは、いろいろなしがらみの中でやりたくもないことをやらされてきましたが、この年になるともう無駄なことをしている暇はない、という境地になるんです」

東条「いいですね。私も無駄は大嫌いです。ええ、限られた時間を意識することで、世間体などを気にしなくなって、大切なことだけをするようになるんですね」

東条は今まさに「品格」の核心に触れているような気がした。

東条「で、あなたにとって、『大切なこと』って何なんですか?」

老人「意外に平凡なんです。これがそうですわ」

東条「これ?」

老人「はい。普通にしていること、日常です。例えば、東条さんとこうやって話していることです」

東条「よくわからないな。じゃあ、大切でないことは何なんですか?」

老人「そうですな、何かを当てて大金持ちになったり、人の上に立ったり、人から偉い人だと思われるとか、そんなことはもう大切ではありませんのう。それより、こうやって東条さんと一生懸命お互いをわかり合おうとお話をしていることの方がずっと自分らしいし、いまのこの時間をしっかりと生きている感じがして大切なんです」

東条「なるほどね。私だったらこの『古井戸よろず相談』を商品化してひと儲けしたいもんですが、そんなのはあなたにとって大切なことではないんですね。もったいないな。でも、もう午前2時か……。そんな境地にいれば仏教なんかでよく言われる『いまここを生きる』ということだけが大切になるのかもしれませんね」

老人「そうですな。『いまここを生きる』というのはいい言葉ですのう」

東条には自分がいまここを自分らしく生きているイメージができなかった。

受け入れること

東条「私にはとてもその境地には立てないですね。どうしたらそんな境地に至ることができるんですか?『いまここを生きる』っていったいどんな感じなんですか?」

老人「何て言うんでしょうか……この瞬間がいとおしくて仕方がないんです。特に私は自分の死が遠くないと考えると、もうすべてが宝物のようにしか思えないんですわ。例えば、窓の後ろで聞こえている鳥のさえずり、あそこに流れる雲、道を歩く人、そして私の話を真剣に聞いてくれる東条さん、あなたもいとおしくてたまらないんですよ」

東条「私のことがいとおしいなんて、よしてくださいよ。88歳と59歳のじいさん同士で気持ち悪いじゃないですか」

老人「ほほほ、そうですな」

東条「でも、わかりますよ。眠りにつく時間に近いからこそすべての瞬間が大切なんですね。子どものころ、夜寝るのが惜しくてしょうがなかったことがあります。起きている時間がとても楽しくて大切だったんですね。思えば幸せな時代でした」

老人「老人は子どもみたいなものかもしれませんのう。残されたこの1つ1つの瞬間を味わわずにはいられないんですわ。時間はどんどん流れてすぐに消えてしまいます。それが二度と戻らない大切な瞬間だと考えると、心から大切に思えるんです」

東条「わかります。『時は金なり』といいますしね。何歳であろうと時間は決して待ってくれないんです。みんな同じだと思いますよ」

老人「違います。東条さんはわかってないです。年寄りの時間は違うんです」

東条「えっ?」

老人「午後6時の東条さんのこれからはたしかに夢中で走ってきた1日の後で、大切にしなければならない瞬間ばかりですわ。食事にしたって、その準備にしたって、食事をしながらの奥さんとの会話にしたって、もう今日最後の食事なんですから。でも、午前零時間近や次の日に入ってしまっている老人にとってのその重みはまた違うんです。本当に一瞬一瞬が大切だし、それを大切にできなかった時の残念さといったらないんですわ。悔やんでも仕方がない、でも悔やまずにはいられない。そして悔やんでいる間も時間は容赦なく流れるんです」

東条「失礼しました。きっとそれはシニアにしかわからない感覚なのでしょうね。でも、シニアがみなそのように全ての瞬間を大切に生きているようには見えないです。もっと投げやりに生きている人もいるじゃないですか」

老人「そうですのう。たしかにこういった人生時計や時間の密度から目をそらして何も味わわないで生きている老人も多いです。人の事をどうこう言える立場ではないのですがのう。私はこの時間の重みを感じられることが老人の幸せだと思っとるんです。この重みを感じることは辛いことでもあるんですが、でも、生きているということを強く感じさせる大切な感覚なんです」

東条「私にはできないかもしれない。残された時間が少ないことを感じとって、その重みを味わうなんて辛すぎる」

老人「老いというものを受け入れるのは簡単じゃないし、勇気も必要です。そう簡単に受け入れられるものではないんです。でも受け入れざるをえないんです。これは時間についてだけではありません。生きている間にみんないろいろなことを受け入れなければならないのと同じです。家族の不幸なんてとても受け入れたくないけれど、それが起きた時には受け入れるしか仕方がないですのう。私なんかこの歳まで生きましたから、それはもう、多くの大切な人を失いました。でも、それが人間の宿命なんですわ。この時間という奴に対しても、受け入れて、その重みを味わうことしかできないんです。私に言わせれば、受け入れることが生きることなんです」

東条「受け入れるのが生きること、ですか。私は逆だと思っていました。流れに逆らって何かを生み出すことが生きることだと。小さなことでも、これまでにない新しい何かを生み出すということ、それが人生の価値なんだと」

老人「それができる人、できるうちはそうするのがいいんでしょうな。走れるうちは突っ走るのがいいんです。でも走れなくなったら、そこに価値がなくなるんではなくて、自分の限界を受け入れる勇気にも大変な価値があると思うんです」

老人はしばらくさびし気な顔をしていたが、ふと表情を緩めた。

老人「東条さんはどんな夜がお好きですか?」

東条「意外に地味な夜かもしれないなあ。まあ、残業はなくて、もう飲みに行くのもあまり好きじゃないですから、さっさと家に帰って、ちょっと妻と話をして、本を読んで、少しストレッチでもして寝るような夜ですかね」

老人「いいですな。読書は楽しいですのう」

東条「そうですよね。本を読みながら新しい企画のアイデアなんかが思いつくともう最高ですね。明日会社でこんな話をしようなんて考えながら寝るのは気持ちいいもんです」

老人「いいですな。明日にワクワクして眠るんですね」

東条「でも、ちょっと待ってください。『人生時計』の場合、明日はないですよね」

老人「ほう、どうしてですか？」
東条「だって、もう人生が終わっているんでしょ」
老人「そうですか？　必ず次の朝が来ると思うんですが」
東条「次の朝って、あなたは来生とか信じているんですか」
老人「それはわかりません。いくら長生きしたって、それだけは経験できませんからのう」
東条「だったら『人生時計』において『明日にワクワク』はないんじゃないですか？」
老人「ほう。私はワクワクしてますがのう、『明日』に」
東条「自分がそこにいなくても」
老人「そうです。どこかから見られるのか、もう一切見られないのか、わかりませんがのう」
東条「たぶん見られないでしょうけどね。それでもワクワクですか」
老人「そうです。世界は続いていきますから。友人や子どもたちもがんばるでしょうしな。まあ、偉そうですが、想像力ですわ」
東条「想像力か。でも、正直その辺の死生観は難しいですね、簡単には受け入れられないです。私は自分の死と共に世界は消滅すると思っているんです。もちろん、私にとって、という意味ですが。ですから、私にとっては自分がいない未来というものは、存在しないも同じなんです。でも、あなたはそうは考えていない。想像力で未来にワクワクできると言うんですから」
老人「未来とか過去とかはしょせん人が考えてつくったものですからのう。あまり考えてもしかたがないかもしれませんな」
東条「ああ、どこかの国では未来とか過去とか時間の概念がまったくない部族がいるみたいですね。それで結構幸せらしい。結局は、いまがあるだけ、ということですか」
老人「どうですかのう」
東条「なんだかわかんなくなっちゃったな」
老人「わかんないですなあ」

読書好きの東条は、帰りがけに書店に寄り、いくつか哲学書を購入した。「時間とは何なのか？」という哲学的な命題に取り組むということに東条の向学心が高揚したらしい。

しかし、何冊かの本を読んでも答えはなかなか見つからなかった。

「考えてみれば当たり前か。どうやらこれはギリシャ哲学時代から問われ続けている命題みたいだ。それが2週間やそこらで答えを見つけられるはずがない」

今回の対話では、時間についていろいろ考えさせられ、いい思考訓練になったとは思うが、結論は出なかった。だいたい、はじめのうちは時間の概念をフルに使って「人生時計」で人生を見つめ直させておきながら、最後には過去とか未来というものは人間がねつ造した概念だから意味がない、なんてまとめられた。結局なんだかよくわからない。ただ、「この一瞬」の大切さということについては一貫していたし、腑に落ちた。とにかく、「この一瞬」を大切にすることは「品格」に大切な要素なのだろう。

毎日の忙しさに追われるうち、東条はだんだん時間についての興味を失った。そんなある日、最近よく質問をしてくるようになった若森が東条に近づいてきた。

「東条さん、グローバル人材ってよく言うけど、いったいその定義って何なんでしょうね。英語ができる、ってことですか?」

東条はレベルが低いと感じる事柄について考えたり話したりすることが嫌いだ。

「若森さん、そんなこと言っているヒマがあったら海外の支社にでも行ってミーティングの一つでもしてきたらどうだい? 定義がわかったって結果は出せないだろ。まずは動くことだよ。動かないで考えてばっかりだから、営業から人事は利益を食いつぶすコストセンターだ、とか言われちゃうんだよ。しっかりしてくれよ」

最近若森の話をよく聞き、相手を見下したようなもの言いはしないようにしていたのだが、つい周りにも聞こえるような大声でそんなことを言ってしまった。若森は少し驚き、質問したことを後悔した様子で、「すみません」と言って立ち去った。これまで築いたちょっとした信頼関係が一気に崩れてしまった瞬間だった。

東条はそんなことには頓着せず、自分の言葉に酔っていた。

「グローバル人材の定義なんて考えても仕方がない。知りたかったら世界に出ていくだけだ。そうか、人生の意味だって同じじゃないか。考えたって答えは出ない。生きて、生きて、それで初めて何か見えてくるんだ、きっと。『時間とは何か』なんて考える前に残りの人生をただただ生きろ、とあのじいさんは言いたいんだろう――」

自分の限界を
受け入れる勇気にも
大きな価値がある

第三の対話

強み

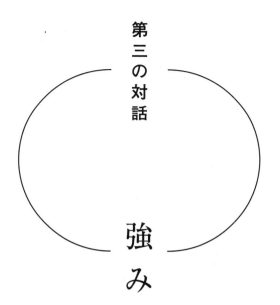

「他人の立場」が自分を自由に

東条は今日もイライラしていた。特に不愉快なことが起こったわけではないのだが、なんだかイラつく。「どいつもこいつも」という帰国後に始まった口グセは、いまだに消えていなかった。

老人「で、今度は何に怒っていらっしゃるのでしょうかな?」

東条「いろんなことに怒ってますよ。家の建て付けについて、思うように動かないパソコン、国民をナメきっている政治家、高い税金、破綻している年金制度、進行する物忘れ、老眼……いくらでも挙げられます。あと、社内政治しか考えない人事部長、あいかわらずデキない若森、たいして儲からないパートに精を出している妻、こいつらはどいつもこいつも腹が立ちますね」

老人「ほう、最後の3人については気持ちが込められていましたな」

東条「そうですね。今リアルタイムでイラついていますからね」

老人「その人たちについてはどのように怒ってらっしゃるのですか?」

東条「ですから、人事部長は自分の部が会社の為にどのような貢献をするか、という本質的な事は考えず、どうしたら営業部から文句を言われないかとか、『今度の人事部長は使える』と言われたいとか、そんなことばかり考えて仕事をしているんです。若森は深いことを考えずに薄っぺらい楽観性でヘラヘラしているんです。この前なんて社内で講師をやったみたいなんですが、参加者のアンケートを見ないんですよ。何でか、と聞くと『見ると自分がネガティブになってしまうから』とかぬかしやがる。私が代わりに見てみると、みんないい事書いてるんですよ。批判的なことも多かったですけれど、建設的な意見が多かった。第一、せっかく書いてくれたのに見もしないなんて失礼だ。そして、妻ですけれどね、あいつはなんだか外国人相手のスーパーで翻訳のバイトだかパートだかをしているんですけどね、大して稼がないくせにそれに全エネルギーを注ぐもんだからやたらと忙しくなって、その結果私に家事なんかのしわ寄せが来るんですよ。あんなパート、所詮は自己満足に過ぎないのに。そもそもあいつが英語が少しできるようになったのは私がアメリカに駐在したからじゃないですか」

老人「なるほど。大変ですな」

東条「大変ですよ、まったく」

老人「それで、東条さんは彼らにどうなってほしいんですか?」

東条「まあ、もっと本質を見てほしいですね」

老人「本質?」

東条「そうです、自分の部署にはそもそもどんな存在価値があるのか、どんなところを改善しなければならないのか、また自分が仕事にかけている時間とエネルギーは対価に見合っているか、見合っていないのであれば、それは仕事といえるのか、とか」

老人「なるほど。東条さんはその本質とやらを見ていると。では、その人たちは今どう考えているんですかな?」

東条「さあ、それは知りません。ろくに考えてなんかいないんじゃないですか」

老人「では、ちょっとその人たちの気持ちになってみてはどうですかな」

東条「どうって、他人の気持ちになるのは無理ですよ」

老人「それができるんです、ある程度は。私が東条さん役になるので、東条さんはその人になってくださいな」

東条「はあ? 何を言ってるんですか。他人になんかなれるわけないじゃないですか」

老人「まあまあ、だまされたと思って、まずはその部長さんになってみてくださいな。じゃあ、場所を変えましょうか。どっこらしょ」

老人は腰を押さえながら立ち上がり、東条の横に立って「東条さんは私のいたところに座ってくださらんかの」と言った。そして、二人は席を交換した形になった。今度は老人がいつもの籐椅子に腰かけ、老人の座り心地の悪いキャスター付きの椅子に東条が座ることになった。
老人「さあ、どうですかな、その方になった気がしますか?」
東条「するわけがないじゃないですか。場所が変わっただけで」
老人「その部長さんのお名前は何ですかな?」
東条「えっと、瀬古です」
老人「はい。瀬古部長さん、私は東条ですが、あなたはとても政治的で、ご自分の部のことを本質的に考えてはいないと思うんですわ」
東条「私は『思うんですわ』なんて言いませんよ」
そう言いながら、東条はいつもと違う感覚を味わっていた。頭の後ろにある目で前を見ているような感じ。世界が少しだけ違って見える。そしてまるで自分自身を目の前にして誰か別の人間の目で自分を見ているような気がしてきた。
東条「私が、瀬古部長の役なんですね」
役、といったのは照れ隠しもある。実際はすでに瀬古部長になっているような気がしてきていたのだ。
老人「ええ。あなたは本質的な見方をしていないと思うんですが」

それはいつも自分が瀬古部長に対して思っていることだったが、こうやって改めて他人が話しているのを聞くとその言葉は妙に薄っぺらく感じた。

東条「そうですか。でも、違った見方もできますよ」

老人「ほう、なんですかな」

東条「私はね、慎重なんですよ。まずリスクを考えてから物事をじっくり進めるのが部長の役目だと思うんです。そもそも論で、人事部を運営しても他の部から大事にされなければいい結果なんか出せないんですよ。そうなったら部員もかわいそうだ。私は部員のモチベーションにも責任を負っているんです」

東条は瀬古の気持ちになりきったわけではなかったが、瀬古だったらこう言うだろうという言葉が自然に口に出てきた。乗り移るというよりも、落ち着いて瀬古の立場に立って考えるということが一瞬にして可能になったのだった。

老人「そうなんですか」

東条「……なるほど、そうか。わかってはいたんだけどな。瀬古さんは慎重すぎるんだよな」

老人「そこがその方のいいところでもあるんではないですかな」

東条「ええ。彼のそういう面を知らなかったわけではないんだけれど、こうやって言葉にすることは今までなかったですね。こうやって瀬古部長の気持ちにどっぷり入らないとちょっと見つからなかった言葉かもしれない」

老人「その部長さんは、東条さんのことをどう見ているんですかな」

東条「ちょっと待ってくださいね。瀬古の気持ちになってみます……。ああ、何だか少し憐れんでいるのかもしれない。まあ、不祥事でコースから外れてしまったからな。そうか、そんな私に何とか昔のパワーを取り戻してほしいと思っているのか。人事が私の仕事だとは思っていないようだな。そして次にどんな部署に行くのがいいのかもう考え始めているようだ。そうかあ。いや～、しかし変な気分ですね。まるでイタコみたいじゃないですか。何なんですか、これは」

老人「昔友人に教わった、心理学の何とか法という相手の立場に立って考える練習です。なかなか効きますのう」

東条「簡単なことですけれど、相手の立場に立って考えるなんて事、いままで本気でした事はなかったのかもしれない。昔から『人の立場に立ってものを考えろ』ってよく言われましたけれど、どうしたらできるのかは誰も教えてくれなかった。今日初めてそれを教わった気がします」

老人「これについては友人の受け売りですが、場所が変わることで、固まっている頭が解放されるらしいんです」

東条「なるほど。何だか席を移る事によって、今まで考えないようにしていたことのストッパーがとれたような感じでした」

老人「では、その若ものさんもやってみますか」

東条「今度は若森か。ちょっと気が引けるけど、やってみますか」

老人「では、一度立ち上がってくださいな。その部長さんから若ものさんに変わらなければなりませんからね」

東条「ああ、人を替える儀式みたいなもんですね……。はい、若森になりました」

老人「はい、若森さん。あなたは楽観的過ぎて、本質を見ていないと思うんですが」

東条「……若森、というか私はねえ、不安なんです。経験もあまりないうちに同期の中で真っ先に課長になりましてね。妬まれることもありますし。ああ、実際先輩にいじわるされたりしますからね。だから自信なんて全然ないのに、舐められないように突っ張らなければならないんです。でも努力はしてますよ。その上、東条、つまりあなたみたいなうるさい年上の部下が来ちゃったから、もう大変です。頭の中がパニックしっぱなしです。だから自分の仕事のネガティブな部分には触れたくないんです。自分のダメさ加減は十分にわかっていますから」

老人「そうだったんですな」

東条「そう、東条さんにいろいろ助けてもらいたいわけです。でも東条さんは私に変な対抗意識を持っているからなかなか相談もできない。お互いにプライドが高いもんだから、結局攻撃することになっちゃうんです……ああ、そうだったのか。結構かわいい奴じゃないか」
老人「そうですな、かわいいですのう」
東条「若森に対する見方が変わるなあ、こうやってあいつの立場に立って見ると」
老人「では、どうしますかな」
東条「そうですね。もう一度、ゆっくり話をして、私に何を求めているのか聞いてみますよ。今度はもっと辛抱強く聞けるような気がします」
老人「それはよかった。じゃ、また立ってくださいな」
東条「えっ、まだやるんですか？」
老人「そうです。まだ奥さんが残っていますからのう」
東条「えっ、妻もやるんですか？　相手は女ですよ。私が女になるわけにはいかないでしょう」
老人「これに男も女も関係ありません。さ、立って頭を切り替えてくださいな」
東条「しかたがないなあ。じゃあ、やるか……」
老人「はい、私は東条です」

東条「私は妻の知子です。うーん、知子は難しいぞ……なかなか降りてこない……あ、来たかも」

老人「知子さん、あなたはパートの仕事、忙しくしているばかりですが、効率的ではないんじゃないですか？」

東条「そうですね……効率的、か……そういう事ではないんですよね……いつもそういう言い方をするけれど、効率は重要じゃないんです……仕事をするということ、しっかりと他人から必要とされ、責任を果たす事、それが大切なんです。女だって仕事をやり抜くことができるんです。確かに夫の稼ぎだけで生活は十分です、でもそういう問題ではないんです。社会人であるという自覚。子どもが小さい時は主婦業も大変でそんなこと考える暇はありませんでしたが……そう、アメリカで生活している時に気づいたんです。アメリカで知り合った女性はほとんどみんな自立していましたし、当然のように仕事をしていました。社会的な役割を持っていたんです。稼ぎがどうのこうのとかより、社会の中で役割を持ち、自立していることが大切なんです」

老人「そうなんですな」

東条「そうか。ちょっと、夫についていくだけではダメなのか聞いてくださいよ」

老人「あ、はいはい。東条さんについていくだけじゃダメなんですか？」

東条「うーん……お金の面では大丈夫かもしれません。……でも、精神的に……東条は感情の起伏が激しいし、安定した信頼感を持てません。いい時はいいのだけれど、ちょっと気分が悪いと周りに当たって。あまり全幅の信頼という感じではないです。そんな人にただついていくというのは難しいです……かあ」

老人「そうなんですな」

東条「そうか……納得です。確かにそうです。あいつは私なんかにただついてくるような女じゃないですよ。そもそもだから結婚したんです」

老人「ほう、そうなんですか」

東条「知子は元々しっかり者で、独立心も強い女です。だからアメリカでも私がいちいち助けなくでも一人で何でもこなしてくれたんです。それも楽しそうに」

東条は思った。知子がこんな風に考えているだろうことは知っていた。でも、自分はそれから目をそらしていたのだ、卑怯にも。

老人「それは、感謝しなければいけませんのう」

東条「そうですね。そして、そうだ、さっきは言わなかったけれど、さんざん努力してもちっとも感謝されないということも、知子が私を心から信頼できない理由の大きなポイントみたいです」

老人「そうですか。ところで、東条さんはまだ奥さんなんですかな」

東条「ああ、もう何だかよくわからないですね。私は私ですが、さっきまで妻の気持ちになっていたので、それをまだ引きずっているみたいです」
老人「いいですね。ずっと引きずってもいいかも知れません」
東条「ずっと引きずる？　……でも、まあ、そうですね。夫婦ですから、引きずって当然なのかもしれませんね」
老人「どうしますかのう」
東条「どうしたらいいでしょうね」
老人「さあ、私には……」
東条「感謝の気持ちを伝えます。照れくさいけど、妻のあんな気持ちを知ってしまったらこのまま放っておく訳にはいかない。手遅れになる前に『ありがとう』って言います」
老人「それはいいですな」
東条「何だかこれをやるとスッキリしますね」
老人「ほう、そうですか」
東条「ええ。相手の立場に入るっていうのは、なかなか怖いものがあるんですが、一度入って見ると、何だか肩の荷が下りるような気がするんですよ。自分の凝り固まった思い込みから『自由』になるからだと思うんです。この『自由』な気持ち、とてもいいです。なんだか視野が拡がって、いいアイデアも浮かびそうな気がします」

老人「……」

東条「ねえ、奥野さん。なんだ、また寝ちまった」

東条は帰りがけに書店に寄って心理学の本を調べた。座る場所を交代して相手の気持ちを理解しようとするテクニックは、ゲシュタルト療法の「エンプティ・チェア」というテクニックに近いようだった。そして、自分が解釈するのではなく、相手の気持ちになる事を「内的観点に立つ」、というらしい。これらはよいコミュニケーションを築く上で基本的なスキルだという。

東条は長年仕事をしてきて、様々な人とさんざんコミュニケーションも取ってきたが、こんなことは考えた事はなかった。考える必要がないと思っていた。しかし老人との対話を通じて、自分のコミュニケーション力の稚拙さ、またそれがもたらしている問題の大きさを目の当たりにすることになった。

東条は家に帰り、椅子に座っている自分の前にもう一つ椅子を置き、そこに若森が座っていると想像した上で椅子を替え、若森の目線で自分の像に心の中で語りかけてみた。

「どうして認めようとしてくれないんですか？　どうして挨拶をしてくれないんですか？　どうしてお昼休みにはみんながランチに出かける前に一人で消えてしまうんですか？　僕はあなたを嫌っているわけではないんです……好きでもないけれど、いろいろ教えてもらいたいし、チームの結果を出すために協力したいんです。正直言って、うざいと思うことはあります。でも僕はあなたのやってきたことを尊敬しています。あのつまらない事件の責任を取らされたのは不運以外の何物でもない。そんな経験についても教えてほしいんです……僕たちは共通の目的を持っているんだし、多少の不愉快さは我慢する覚悟はあります……あなたが受け入れてさえくれれば」

次々と若森のセリフが思い浮かぶ。これが本当に若森が考えていることだとは思えない。しかし、東条の目からは涙があふれた。

これまで東条は会社の人間を「使える・使えない」で評価してきた。いや、会社以外でもそうだったかもしれない。しかし、「使える・使えない」の前に、彼らは一人の人間なのである。そんな当たり前のことに、東条は今更ながら気づいた。老人が言っていた、川の流れの中に潜む一つの小石なのだ。その小石を見ずして川は理解できない。

次に東条は、恐る恐る知子との「エンプティ・チェア」を試すことにした。

「あなたは自分のことばっかり考える人ですよね……昔からずっとそう。自分がいつも引っ張っていいたいのでしょうね。そんなあなたにはいつも疲れさせられました……私だって、一人の人間なのに、あなたについていくだけの人生なんて御免です。あなたは仕事で評価されて喜んだり落ち込んだりしているようですが、私については何か一度でも認めてくれたことがありましたか？一生懸命やっても何も言ってくれない、当たり前のように振る舞われる、この空しさがあなたにわかるでしょうか。もう沢山、という気持ちです。でもね、そう言いながらあなたのことを頼もしいと思うことも多いんです。悔しいけれど、やっぱりあなただからできることって、たくさんあるのは事実で……だから全てを許せるということではないんだけれど……私もよくわからなくなるんです」

東条は椅子の上でうつむき、床に大粒の涙をたらした。「おれ、おかしくなっちゃったのかな」と苦笑いし、心の中で何度も「ごめんな、知子」とくりかえした。そして最後に「若森、お前にも申し訳なかったと思うよ」と、今度は小さな声でつぶやいた。

東条は、「エンプティ・チェア」の演習をその後も毎晩ひとりで行った。自分の部屋のまんなかに椅子を向かい合わせて2脚置き、そのひとつに自分が座り、向かいの椅子に自分が座っているとイメージする。ときどき自分の椅子に座って自分の気持ちを確かめてみるとさらにイメージは強くなる。もし誰かに見られたらヘンな人と思われるだろうが、こうして相手の気持ちになりきって会話をしようとすると、やがてどこからかその人の言葉や思いが降りてきた。

ひとりでもう一度、瀬古部長、若森、そして知子になりきってみた。ひとりで架空の対話をした方が「古井戸よろず相談」の時よりも、深く相手の気持ちに入り込むことができるようだった。

3人以外の仕事関係、家族関係の人物についても、「エンプティ・チェア」を試してみたが、やはり何かが降りてきて、目を背けてきた相手の思いに気づかされた。

そんな内省が態度に表れたのだろうか。周囲の人との関係性が大きく改善した。今まで自分の考えを告げることが目的だった会話が、言葉と感情のキャッチボールに変わってきたのだ。

東条は、「ただ聞くだけ」というルールを守る以上に、相手の気持ちに実際に入ってみるこの方法から多くの気づきを得た。

一方、常に懐疑的であろうとする東条の頭の中では新たな疑問が生まれていた。それは、周りの人たちの気持ちにいちいち入り込んでいては自分を失ってしまうのではないだろうか、というものだった。人はみんなそれぞれ違った個性や考えがある。それをいちいち感じ取っていたら、前には進めないのではないだろうか。この疑問は次回の「古井戸よろず相談」であの老人に投げかけなければならない。

絶対に負けない、弱さを見せない、他人より一歩秀でる、これまでビジネスマンとしてそれを目指してきた東条だが、奥野老人と出会ってからそんな自分の信条が大きく揺るがされるのが、とても新鮮であり、不安でもあった。

東条「席を替わって相手になるやつ、いつもやってるんですか？」

老人「いいえ、いつもはやっていません。友人から教わった時にはこれは面白い、と思っていろいろ試してみたんです。だんだん自然にできるようになったんですな」

東条「自然に？」

老人「ええ。つまり、いちいち席を替えなくてもそのまま相手の気持ちを察することができるようになったんです」

東条「なるほど。これをマスターすればもう人間関係はバッチリですね。ただ、まだちょっとわからないことがあるんです」

老人「ほう、何でしょう」

東条「私が知りたいのは、強みのことなんです」

老人「強み？」

東条「はい、成果を出したければ誰もが弱みを直すよりも強みを活かすことにエネルギーを使った方がいいというのが、最近のビジネス界で言われていることです」

老人「それはそうですな。弱みを直せって言われてもむつかしいですから。弱みなんか意識しているヒマはありませんしな、特に年寄りにとって。そんなことしたら寿命を縮めることにもなりかねませんし。そもそも相手の気持ちをよく聞いて、相手のことを考えますと、誰もが素晴らしいものを持っていることに気付くんです。それを活かさない手はないですのう」

東条「誰もが素晴らしいものを持っている？」

老人「そうです、人はそれぞれ、その強みとやらを持っていると思うんですわ」

東条「みんなそれぞれ……か」

東条はもう20年前になる1回目のアメリカ駐在のことを思い出した。その時はニューヨークではなく、シカゴ郊外の町だった。当時6歳だった息子はそこで現地の公立小学校に入学した。すでに幼稚園で英語はある程度話せるようになっていた息子だったが、小学校で新しく何を学ぶのかにワクワクしていた時だった。

小学校の初日を終えた夕食時、息子は学校で起きたことを事細かに話した。スクールバスのこと、先生のこと、友達のこと、教室に置いてあるいろいろな文房具のこと。そして、話に夢中になったのか、いつものマナーを忘れて箸を2本重ねてスプーンのようにしてご飯を食べた。そういう食べ方は日本人として行儀が悪いぞ、と注意すると息子は「Everybody is different, Dad（人はみんなそれぞれだよ、父さん）」と生意気な口答えをしたのだった。この時東条は、この多様性という考え方を小学校の初日で教えるアメリカの教育レベルに驚愕しながらも、アメリカ社会で子どもを育てることの意義と大変さを痛感したのだった。

思えば、息子が既存の枠に縛られるのが嫌いになったのはあの頃から始まっていたのかもしれない。

東条「それはわかっています。『人はみなそれぞれ違う』というのは、私がアメリカで学んだ最も大切なことですからね。ただ、そんな考えだけで本当に成果を出せるかどうかが疑問なんです。

アメリカ社会だって生産性が上がらなくて苦労しているし」
老人「成果、ですか?」
東条「ええ。自分の強みを活かして気持ちよければいいってもんではないですよね。成果、つまりビジネスの成果でも何でもいいんですが、形としての利益とか目に見える成果が必要だと思うんです」
老人「ほう、それが強みとどんな……」
東条「ですから、強みを活かしましょう、というのはいいですよ。でもね、例えば若森、直すべき弱みは沢山あるものの、強みなんて何にもないんですよ。それなのに弱みから目を背けて強みを活かしましょう、なんて言えないですよ」
老人「ほう、で、その、若ものさんの強みはなんでしょうかな?」
東条「ですから、ないんですよ。あいつには」
老人「ないなんてことはないでしょう。成果につながらなくても、何か得意なこととか、いつもできることとかあるんではないですかな?」
東条「若森の得意なことですか? まあ、そうですね、成果につながるかどうかは置いておくのなら、あいつは一度に複数の仕事をこなすことができますね」

老人「それはすごいですのう」
東条「いや、要領がいいだけですよ」
老人「でも、誰もができることではないですな」
東条「まあ、そうですね。私もマルチタスクは苦手です。あいつの数少ない得意技と言えるかもしれません」
老人「他にはどうでしょうかな？」
東条「そうだなあ、人にものをわかりやすく説明するのがうまいですかね」
老人「ほう、それもまたすごいですのう」
東条「いや、本人があまり賢くないんで、わかりやすくというか、単純にしかものを説明できないんですよ」
老人「いえいえ、それはすごい強みではないですか。難しいことを難しく説明するのは当たりまえですが、簡単に説明するのは難しいもんです。さっきおっしゃってた、成果にもつながるんではないですかな」
東条「さあ、どうでしょうね……。まあ、そうか。確かに、自分で理解して咀嚼しないとわかりやすくは説明できませんからね。相手はわかりやすく説明されれば、嬉しいでしょうね」

老人「素晴らしいですな」

東条「そうか、そう考えると、まあ、あんな奴にもちゃんと得意なことがあるんだなあ。くだらない質問ばかりして思慮のない奴だと思っていたけど」

老人「東条さんが気づいていないだけではないのですか？　他にはどうでしょうかな」

東条「まあ、部下には信頼されてますね。上司には態度が悪いですけど。部下の面倒見はいいんじゃないですか。部下を引っ張り上げるとかは得意かな」

老人「それはまたまた素晴らしいですのう。すごい強みですわ」

東条「ちょっと待ってください。今話していたのは『得意なこと』で、『強み』ではなかったと思いますよ。確かに若森にも『得意なこと』はあるようですが、それを強みと呼べるかどうか」

老人「ほう、その『得意なこと』と『強み』の違いは何ですか？」

東条「『得意なこと』は『好きなこと』に近いもので、自己満足かもしれない。『強み』と呼ばれるには、ちゃんと成果を出さなければならない。そこが違いだと思います」

老人「ほう、成果を出すには『得意なこと』をするだけではダメなんですか」

東条「当たり前じゃないですか。成果を出すには、しっかりと経験を積んで、状況をわきまえた上で行動し、継続的に成果を上げられるようにならなければなりません。『得意なこと』をするだけではだめなんですよ」
老人「その成果は、いつどのようにわかるんですか?」
東条「それは……ビジネスですから、すぐに数字に出るんじゃないですか。売上とか」
老人「よくわかりませんが、そのすぐに数字でわかるものだけが成果なんですか?」
東条「それは違いますね。物事には短期的な目標と長期的な目標がありますから」
老人「短期と長期の違いだけですか?」
東条「う〜ん。いや、それから成果も数字で評価できる定量的な成果と数字にはならない定性的な成果がありますね」
老人「てーせーてき?」
東条「つまり、成果というものは数字で測れるものばかりではないということです。周りがどう評価しているとか、こんなことができるように成長したとかも、立派な成果だということです」
老人「そうでしょうなあ。では、若ものさんの『得意なこと』はそのどの面でも成果につながっていないんですか?」
東条「う〜ん、長期的にどうか、定性的にどうか、というと、わからないですね。つながるのかもしれない」

老人「ほれ、『得意なこと』をしているだけでも広い目で見れば成果につながっているではないですか。第一本人はやりがいを感じるでしょうし、特に部下の面倒見なんかは将来大きな成果につながるんじゃないですかのう」

東条「……それはそうかもしれませんね。考えもしなかったけれど。まあ、短期的な数字につながっていないというだけで成果を上げていないと決めつけてもいけないかもしれませんね」

老人「そうですな。その『得意なこと』を強みに変えるにはどうすればいいんですか？」

東条「それは、まあ、場数を踏むことです。いろいろ経験して、いろんな知識やスキルを身につけて、現場で実践できるようになることです」

老人「それは、若ものさんひとりでできることなんですか？」

東条「いや、それは無理でしょう。あいつより経験のある人間のアドバイスや指導が必要でしょう。あいつはまだ若すぎる」

老人「その指導とやらは、誰がやるんですか？」

東条「それはあいつの上司の仕事でしょう」

老人「東条さんは？」

東条「私はあいつの部下ですよ」

老人「でも、先輩ですなあ」

東条「まあ、そうですけれど、それはちょっと」

老人「若ものさんが東条さんに何を求めているのかわからない、とおっしゃっていましたな」

東条「ええ、言いましたとも。で、これがその答えだと？」

老人「さあ」

東条「それはどうだろう。そうなのかなあ。あいつはそんな風に考えているのかなあ」

老人「本人もわかっていないかもしれませんな」

東条「そうか、あいつはバカというかまだ若いから、自分に何が必要かもわからないのか」

老人「そうかも知れませんな」

東条「そうか。そういうことかもしれませんね。あいつは自分の『得意なこと』をどうやって『強み』に昇華すればいいのかわからないんだ。経験がないから。私ならそれを助けてあげられるってわけですね。でも、私の仕事なんですかねえ、それ」

老人「さあ。東条さんの仕事は何ですかのう」

東条「私の仕事は成果を出すことです」

老人「誰の成果ですか」

東条「私自身の。いや、そして部署の成果ですね。そうか、部署の成果を上げるには若森に成果を出してもらわなければ困るわけだ。だから、若森の『強み』を確立するということも私の仕事だということなんですね」

老人「さあ、だいぶむつかしいお話になってきたので、私にはわかりませんが」

東条「いや、わかります。それが私のような経験豊富な人材の役割なんです。そうか、それが人を育てるってことなのか。なんでいままで考えなかったのかなあ」

老人「東条さんはお忙しいですからな」

東条「そうですけど。でも、こんな簡単なことにいま頃気づいた私って、何でしょう」

老人「これからです、大切なのは」

東条「そうですね。若森の『強み』育成作戦、ちょっと真剣に考えてみます。うん、これがシニアになってからの強みの活かし方なんですね。シニアになってからは、自分の強みを活かすだけではなく、後輩たちの強みを活かさせるために自分の強みをどう使うか、ってところが腕の見せ所というわけなんですね」

老人「どういうことでしょう?」

東条「私は、若森をはじめとした部下の育成で成果を出して、どうせ腰掛けだと思っている人事部長を驚かしてやりたくなりました。それは私のプライドを守るし、後輩たちのためにもなるんです。そう考えると、やる気が出てくる。相手に勝ちたい、成果を出したいという自分の強みが活かされるからです。面白いもんですね、自分の強みを操るというのは。ああ、俄然やる気が出てきた。よし、やるぞ」

老人「まずは、どうしますかな？」

東条「は？　どうしたらいいんでしょう？」

老人「さあ。迷った時は『これまでは何であったか。これからは何であり得るか』です」

東条「若森の強みが何であったか、これからは何であり得るか、ですか」

老人「そうですな」

東条「なんか、嬉しいですね。今回はちゃんと教えてくれましたね。まずは、若森がどんなことが『得意』なのか、つまりそれがあいつの『強み』の種ってことになると思うんですけれど、それがどんなものなのか、本人とも話して、じっくり考えてみます。それから、それを成果の出せる『強み』にするためにどんな経験を積めばいいのか、アドバイスでもしてみましょうかね」

老人「ああ、それはいいですな。そうすれば若ものさんもこれから大きく成長するんではないですかな。ああ、私も東条さんのような上司がほしかったです」

東条「だから、私は部下なんですって。嫌なこと言いますねえ。ははは」
老人「ほほほ」

強みのダイバーシティ

老人「しかし、皆さんそれぞれすごい強みを持っていて、優秀な人ばっかりですな」
東条「そうですかね。でも、そうやって考えたら、誰もがスゴイ人になってしまいますよ」
老人「その通りではないんですか」
東条「違うでしょう。みんな何か独自のものを持っているというのはわかるけど、みんなが優秀ということはないでしょう。だって、ダメな奴がいるから優秀な奴が際立つんです。そうでなければみんなが平均的になってしまう」
老人「平均的ということではないと思いますが。それぞれ違って、その強みが発揮される場所が皆違うとか、そんなことはないでしょうかな?」
東条「それぞれ違うだけで、優劣はないと言うんですか?」
老人「ええ」

東条「それで、違うのは強みが発揮される場所だと」
老人「ええ」
東条「そんなバカな。それはおかしいでしょ。やっぱり優秀な奴もダメな奴もいるんですよ、世の中には。ここは残酷で不公平な世界ですからね。でもそれが現実なんです」
老人「不公平なのはわかりますが。例えば、東条さんはいつもどんなところでも優秀なんですか？」
東条「どういう意味ですか？」
老人「ですから、会社の中、外、どこでも東条さんは優秀だと思われているんですか？」
東条「いや、そんなことはないですよ。家庭では全然だめだったし」
老人「では、家庭で素晴らしい強みを発揮していたお友達なんかはいませんかな」
東条「そうだな、例えば近藤先輩。アルマーニ近藤と呼ばれていた人ですが、あの人は家族ととても仲が良く、いつも家族のことを考えていましたね。奥さんともとても仲が良かったようです。仕事はしなかったけど」
老人「その、アルマーニさんは、ダメな人なんですかのう」
東条「いや、だから、仕事ではイマイチです。飲み会の仕切りだけは上手ですけどね」

老人「飲み会と家庭では素晴らしい、と」
東条「ええ」
老人「で、東条さんは？」
東条「自分で言うのも何ですが、仕事はまずまず、家庭はイマイチですか」
老人「ほう。で、若ものさんは？」
東条「あいつの家庭は知りませんが、仕事では、さっき言ったようにある種の仕事では結構使えます。でもダメなところは全然ダメです」
老人「みなさんそれぞれすごいじゃないですか。家庭を大切にする、飲み会を上手く仕切る、一度にたくさんの仕事をこなす、わかりやすく説明する、そして東条さんのように人の話をちゃんと聞いて、分析をして、バリバリ仕事を進める。みんなスゴイと思いますが、やっぱり」
東条「う～ん、そうかな。なるほどねえ。評価の軸は違うけれど、みんなそれぞれ違って、いい所を持っているというのはある意味正しいかもしれませんね」
老人「ええ、だから世の中はうまく回るのだと思うんですがのう」
東条「どういうことでしょう？」
老人「完璧な人はいません。私なんか全然ダメですわ。でも私にはできないことが得意な人がいて、私なんかでもお助けできる人もどこかにいる。そうやってお互い助け合って、世界は回っていくんではないですかなあ」

東条「何かの縁で、私もここであなたにいろいろ教わっているし」

老人「教えてはいませんが、何かの足しになっているとしたら、とても嬉しいことですな」

東条「ダイバーシティ、多様性ですね。日本では男性社会の中での女性の活躍のことを指すことが多いんですが、実際は男女だけではなく、人種や世代や個性などの違いを活かして新しい何かを築いていこうという考え方です」

老人「いいですな。昔は女は黙っていろなんて言う人もいましたが、いまはのう……」

東条「そんなこと怖くて言えませんよね」

老人「ほほほ、そうですな」

東条「でも、大切なことですね。強みの多様性、か。私の持っている強みではなく、周りの人間が持っている強みで補完してもらって、全体として完璧にするという考えですね。そして、若手とシニアのダイバーシティという話になるのか。なるほど」

老人「はい？」

東条「あなたは、若い人ができることの多くができなくなっているかもしれませんが、彼らのできないことをやっているんですね。例えばこの『古井戸よろず相談』がいい例だ」

老人「は?」

東条「そうか、そういうことか。仕事ではほぼ完璧な私がここで何をしているかといえば、社会の中でシニアとの多様性を活かしている訳か。そして、それは職場でも起こりうることなんだ。考えたこともなかったが、確かに若森にできて私には苦手なことはある。その逆の方がずっと多いが、あることはある。そこで相互補完することができる」

老人「ほう」

東条「なるほど、自分が得意なこと、それぞれが得意なことで貢献する、つまり『選択と集中』ということになるんですね」

老人「洗濯と焼酎?」

東条「いや、集中です。強みに目を向けて、それを徹底的に活かし成果を上げる、ということです。弱みなんかに目を向けなくていい、と」

東条は新しい理論が腑に落ちたことに盛り上がり、老人の心配そうな表情を気にもかけなかった。

老人「私にはよくわかりませんが、家庭ではどうですかな?」

東条「家庭か。それは盲点ですね。夫婦になると、それはもう男女の違いだけの話じゃなくなる。それぞれの性格、家庭に対する考え方、家族の文化、そしてやっぱり強みもバラバラです。そこからうまく相乗効果を発揮できているか？　いや、全然ダメだ。やろうともしてきませんでした」

老人「そうでしょうなあ。いま東条さんがおっしゃっているのは、かなり難しいことだと思いますが……」

東条「ええ、難しいですね」

老人「でも、難しい時は『これまで何であったか、これからは何であり得るのか』と考えればいいんです」

東条「これまでの家族関係はダメだった。まあ、それは過去のこととして、これからどうあり得るのかってことですよね」

老人「そうですな」

楽しみにしていること

東条「まずは、相手の強みを理解しないといけませんね。でも、どうやったら他人の強みがわかるんでしょうか」

老人「さあ。わからない時は……」

東条「聞くしかないですね。対話だ。私はいつもここであなたに答えを期待してきましたが、もうわかりましたよ。答えは自分で出さなければならない。そして、全ての基本に対話があるんですよね」

老人「ほう」

東条「対話をします。まずは妻と。単刀直入に聞くのが一番手っ取り早いですものね」

老人「でも、『お前の強みは何だ?』と単刀直入に聞いても答えられないと思いますが」

東条「うん、確かにそうだな。そんなこといきなり聞かれたら答えられないな。私たちはこれまで対話を続けてきたからこうやって話せるわけですよね。じゃあ、家内ともあなたとのような対話を重ねる必要があるんですか?」

老人「時間がかかりそうですのう」

東条「おっと、あなたも時間を気にするのですね。初めてじゃないですか? 時間がかかることを嫌がったのは」

老人「いや、嫌がった訳ではありませんが。ただ、もっと簡単な方法があると思ったんです」

東条「何ですか？　ぜひ教えてください」

老人「例えば、小学生の強みを見つけようとするときには『今一番楽しみにしていることは？』と聞くといいんですわ」

東条「楽しみにしていること？」

老人「そうすると、子どもによって本当にいろいろな答えが返ってくるんです。野球の時間に打つことだったり、投げることだったり、試合の後に皆で遊ぶことだったり、試合中に横の広場でバッタを追いかけることだったり、野球なんかしないで一人で本の続きを読むことだったり、課題の工作を作ることだったり、子ども一人一人が違ったことを楽しみにしているんです。そこにはその子ならではの強みが隠れているんです」

老人は宙を見上げ、うっとりとしていた。きっと、「緑のおじさん」の仕事を通してこれまで出会った子どもたち一人一人の顔を思い浮かべているのだろう。

東条「自分の強みが活きる瞬間を、子どもたちはそれぞれワクワクして楽しみにしているという訳ですか」

老人「そうです。大舞台で活躍することが好きな子も、一人の世界で何かを発見したり作ることが好きな子も、人に教えるのが好きな子も、みんなそれぞれ自分の強みを活かしたいと思っているんです」

東条「なるほど。でも家内は子どもじゃないですよ。もういい年のおばさんです」

老人「おばさんでも、おばあさんでも、基本は同じではないですかのう。みんな自分の強みを活かして自分らしくいられることを楽しみにしていると思いますが」

東条「そうか、これから起きることで、何を楽しみにしているかを聞けばいいのか」

東条は、早速知子に強みについて対話をしかけた。もっと自然な形で聞き出してもよかったのだが、不器用な東条は「君が今ワクワクしていることは何だ？」といきなり質問した。知子は「突然聞かれても。何でそんなこと聞くの？　何のため？　また悪いこと考えてるんじゃないの？」と東条の質問に答える前に逆に質問を浴びせ返した。しかし、次第に東条の意図が理解でき、「そうねえ、何かしら……」と考えを言葉にし始めた。

その答えは「いつかはわからないけれど、今度息子が訪ねてくる日を考え、その時にどんな料理をしてあげるかを考えること」「昔からたまっている写真を整理すること」「近所に設置が予定されている防犯カメラが完成すること」「近所の子どもが受験に合格したと報告を受けること」そして、「夫が『よろず相談』の成果でどんな風に変わるのかを見ること」だった。

東条は改めて驚いた。そして自分だったらどう答えるだろうか、と考えた。

「持っている株の価値が上がること」「会社で新しい花形部門への再配属が決まり、再雇用の対象ではなくなるとの辞令を受けること」「貯金で買える範囲でいい別荘の物件が見つかること」「『よろず相談』の成果で自分の人間力が上がり、さらなるキャリアの展望が拡がること」

――そんなところだろう。なんという違いか。東条は驚き、知子の強みについて考えた。

「人を愛すること」「過去を大切にすること」「安全を優先すること」そして、「他者の成長を心から願うこと」これらは東条が持っていない強みだった。

それでは、東条ならではの強みは何か？「その他大勢以上の成功を目指すこと」「うまいことをして（効率よく）成功しようとすること」「豊かな暮らしと自由を求めること」「希望を捨てないこと」「自分が成長すること」「成果に執着すること」

これらは、とても強みと呼べるようなものではなく、自分の愚かさでもあるように思えた。しかし、驚いたことに知子も自分の強みに関して同じように感じていたのだ。

「あなたの強みは前向きでいいわね。自分で突き進んでいく感じで。私のは何だか誰かだのみだし、内に向かっている感じ。何も生み出しそうに見えない。あなたのは強みと呼べるけれど、私のはただの性格だわ」

東条は、自分は逆に感じると言った。自分のそれは人間としての愚かさを表しているが、知子の強みは人間の品格に関わる大切な強みだと思う、と伝えた。

知子は「何だか気持ち悪いわね」と言いながら、嫌な顔はしなかった。

お互いのいい所を認め合う2時間の対話。東条は結婚以来30年間、こんな瞬間があっただろうかと自問した。そんなことを考えると、目頭がまた熱くなる。

「どうも、あのじいさんと会うようになってから涙腺が緩くなっちまった。でもやめられないな、これは」

グレちゃった強み？

次の「相談」で、老人は突然こう切り出した。

老人「ときに、東条さんの弱みはなんですかな？」

東条「私の弱みですか。まあ、あなただから言いますけれど、例えば、自分の相対的な評価を高めるために、他人を低く評価したがるところがありますね、正直な話。だから他人の悪いところばっかりに目がいくんですね。ポジティブ・シンキングとかも嫌いです。あと、自分が勝てそうもない勝負からは逃げることもあります。妻にいくら言われても男性中高年向けの料理教室なんて絶対に行きません。どうせ料理が得意とかいう奴がいるでしょうから。負けるくらいなら何もしない方がマシです」

東条がこのように自分の弱みについて話したのは初めてのことだった。恥ずかしさもあってはじめは息苦しいような嫌な感じがしたが、老人に本音を話してしまうととても楽な気分になった。老人がそれまで以上に近く感じられ、本当の自分がここにいる、という実感がした。そんな東条の表情の変化を老人は優しい目で見ていた。

老人「……それは東条さんの人から評価されたいと思う強みの裏返しなんですな」

東条「強みの裏返し？」

老人「東条さんは、いい仕事をし結果を出して尊敬されたい、という強い思いがあって、それが力となってがんばっているんだと思うんです。その力が、人目を気にするとか、人と比較するということにもつながっているんではないでしょうかな」

東条「賞賛へのモチベーションが強みでもあり、弱みでもあるということですか」

老人「強みであり、弱みの素にもなり得るということでしょうか」

東条「なるほど。そうか。私は人に負けたくないといつも思っていて、そんな自分を変えるつもりもないですが、それが裏返って人目を気にする、という弱みを作っているのか。そう考えると、弱みというのも違った印象になりますね」

老人「そうですな、弱みと呼ぶのがいいのか、わかりませんな」

東条「そうですね。強みが不良化して、グレちゃったみたいな？」

老人「そうですのう。私は、人のそういうところが大好きなんです」

東条「そういうところって？」

老人「ですから、完璧ではなくて、素人の陶芸みたいなもんですわ。一見ちゃんとした湯呑なんですが、必ずどこか失敗している。それでその失敗しているところがみんな違うんです」

東条「みんなそれぞれ違っていて、弱みもそれぞれでかわいい、ってわけですか」

老人「そうそう、そうです。さすが東条さん、うまくまとめますのう」

東条「そうか、弱みは強みの裏返しで、誰にでもあって、それを素直にさらけ出すことによって信頼関係が生まれる、という訳ですね」

老人「そうです。私は自分をさらけ出してくださる人は絶対に信頼しますわ。東条さんのようにのう」

信頼なんて言葉を吐いているひまがあったら結果を出せ、と自分にも言い聞かせていた東条だったが、そう言われて嫌な気はしなかった。

東条「つい何でもさらけ出してしまいますね。それがあなたの魔法だ。で、あなたのみっともない話も何かしてくださいよ」

老人「これまでもたくさんしましたが。私の存在そのものがみっともないとも言えますしのう。そうそう、たぶん東条さんにはお話ししていないと思いますが、私はテニスをするときはいつもおむつをしているんです」

東条「そうなんですか？　それは知らなかった」

老人「どうですか？」

東条「どうって、すごいですね。そこまでしてがんばっているとは」

老人「大丈夫だとは思うんですが、もし失禁したらみなさんに迷惑をかけますから。でもテニスをやめたくはなかったんですわ」

東条「そうでしょう。そんなことでやめてはもったいない。おむつをすればいいだけの話です」

老人「ええ、でも同じような理由でやめてしまう老人が多いんです。何でだと思いますか？」

東条「それは、みっともないからですかね？　もったいないな」

老人「そう、もったいないですのう。で、何がもったいないですかな？」

東条「ですから、みっともないなんて理由で好きなテニスをやめることですよ」

老人「そうですな。でも、それだけではないんですわ」

東条「ほう、他に何があるんですか？」

老人「おむつをしなければならない、という自分の弱みを乗り越えるせっかくの機会を不意にしてしまうんですわ」

東条「せっかくの機会？」

老人「そうです。おむつをしていると安心して思いっきりテニスができるんです。でも、実際やってみるとほとんどの場合失禁なんかしないんですわ。それでも迷惑をかけたくないので、これからもしますが。でも、だんだんどんな日は危ないか、こういう日は大丈夫だ、とかわかってくるんです。その知識と自信はテニス以外のことをしているときにも役立つんです。天気のいい日は思いっきり動いても大丈夫だとかですね」

東条「なるほど、それはそうですよね。自分はおむつだ、って悲観しても何も始まらないけれど、試してみることによってどうやってコントロールすればいいとか、自分に合った使い方がわかってきて、可能性も開けてくるわけですね」

老人「そうなんです」

東条「そうか、わかりました。弱みも同じなんです。自分の弱みもね、それを認識することが第一に大切なんです。簡単に変えられるものではないですからね。でもね、それで諦めたり、開き直ったりして目を全く向けなくなってしまっては、人間は成長しない。弱みだと知りながら、少しそれを使ってみることによって、その弱みの扱い方がわかったり、強みを強化したりすることにもつながるんです。そもそも、弱みというのは強みの裏返しですから」

老人「はあ……」

東条「つまり、こういうことです。強みを活かして、自分のうまくいくパターン、私の言葉では『勝ちパターン』ですが、それをどんどん強化するのは、一番効率もいいし、やっていて楽しいもんなんです。私は仕事で目標を達成して、人から賞賛されて出世すればどんどんがんばります。それが自分の強みですから、モチベーションも上がります。でもそれだけでは、人は一皮むけない。そこで大切なのは弱みに目を向けることから、自分の新しいパターンを作ることなんです。私は他人にあまり興味がないんです。家内と話してよくわかったんですが、家内は信じられないほど他人を尊重するんですよ」

老人「ほう、それは素晴らしいですのう」

東条「家内は他人を喜ばせたり、他人の成長を助けたり励ましたりすることが自然にできる。私にはそれがないことが、家内との比較でよくわかりました。それは私の強みではないし、役割でもない、と開き直ることもできたんですが、どうもそれはしっくりこなかったんです。なぜかっていうと、『逃げ』のように感じられたからです。それで、今あなたの話を聞いてわかったのですが、やはり逃げてはいけない。うまくはいかないんだけれど、それでもやってみることで何かに気づいたり乗り越えたりすることができるとわかったんです。一生他人に興味がなかった、なんて人生は送りたくありません」

老人「そうですな。それは悲しいですのう」

東条「私は家内のそんな強みを尊敬します。でも尊敬しても彼女のようになれるわけではない」

老人「では、どうしましょうか？」

東条「強みを利用するんです。私は人から一目置かれたいと思うんです。思わずにはいられない。それを利用して、他人のこともちゃんと考える人として人から一目置かれる、という目標を持つんです」

老人「ほう」

東条「私は、他人を尊重しろ、と言われてもできないと思うんです。そういう人間ですから。でも、他人も尊重する立派な人間だと思われるようにしろ、と言われると、それは無視できないんですよ。確かに、他人に全く興味のない人間なんてとても立派な人間だとは誰も思いませんよね。私はそうなりたくはない。自分らしいかどうかなんて関係なく、それは乗り越えたいと思うんです。私はそういう結果には執着できるんです。たとえ今までの自分らしくなくても」

老人「何だか、とても東条さんらしいと思いますのう」

東条「ははは、そうですね。こうやって一人で納得して肚に落とすのが一番私らしいのかもしれない。そう考えると、強みを活かすというのも簡単ではないですね。強みと同時に自分の弱みにも本気で向き合わなければならないし。そうしないと人は変われない」

老人「そうですな。人は自分の弱みに本気で目を向けた時に変わるものかもしれませんな」

東条「そうでしょう？　私が言いたかったのはそこなんです。強みを活かそう、って簡単に言う連中の多くはね、『人は基本的に変われない、だからもともと持っている強みを活かすしかないんだ、それが効率的なんだ』という単純な思いだけで終始しているんです。ですが、私はそう簡単には言い切れないんじゃないかと思うんです。強みの裏側に隠れている弱みにもしっかり目を向けなければね」

老人「その通りだと思いますのう」

「やりきる」こと

老人はしばらく膝の上の猫「ミヨ」をなでながら黙った。そして無表情のまま東条の方を向いた。

老人「東条さん、私にもできますかのう」

東条「何がですか？」

老人「一皮ですわ」

東条「一皮むける、というやつですか？」

老人「そうです。実は、私にはまだまだ弱みがあるんです」

東条「ああ、おむつだけがあなたの弱みだと思ってました。で、それは一体何ですか？」

老人「……」

老人はおむつの話をした時とは別人のような顔をしていた。これまでのような弛緩した表情ではなく、明らかに苦悩していた。これから言おうとしていることは本当は言いたくない、というのが明白だった。

東条「……いや、でも、無理して言わなくてもいいんじゃないですか？　別に」
老人「いや、そうはいかんのです。私もまだ成長せんといかんですし、一皮むけんと」
東条「そうですか」
老人「私は、『やりきる』ということができんのです」
東条「『やりきる』。なんだ、そんなことですか。仕事の話ですか」
老人「ええ」
東条「そりゃ誰だって中途半端で仕事を終わらせるということはありますよ。どこまでやればやりきったことになるかも微妙ですしね」
老人「私の場合は、それで大切な人から軽蔑されたくらいの重症なんです」
東条「大切な人……」
老人「息子です。もういい大人、東条さんより少し若いですがのう。その息子が私の『やりきらない』姿を軽蔑したんです」
東条「よくわかりませんね。その、息子さんは今何をしているんですか？」
老人「実は、年に1度くらいしか会っていないんですが、なんでも、経営がおかしくなった会社の社長になって、人を切ったり経費を削減したりして立て直す仕事をしているらしいんです。一つ終わるとまた別の会社の社長になって人切りをする」
東条「企業再生請負人みたいなことをされているんですね。素晴らしい！」
老人「素晴らしいことなんてありません。たくさんの人に恨まれて、何度も家に脅迫状みたいなものが送られて来とるんです。嫁さんはとってもいい人だったんですが、息子があまりに忙しくしていて、仕事のことばっかりで家のことをしないので出ていってしまいました。ろくでもない息子ですわ」
東条「いやいや、それは素晴らしい仕事ですよ。首切りも経費削減も、本当は誰もやりたくはないんです。前の社長には度胸がなかったからちゃんと人員整理とかできずにおかしくなっちまった会社に息子さんが乗り込んで、嫌われ役を買って出ているんです。大変だけれど立派な仕事ですよ、それは。うちの息子がそんなだったらどんなに嬉しいことか。一緒にいい酒が呑めるだろうになあ」
老人「そうなんですかのう。それで、その息子、直樹というんですが、それが大人になって私の仕事ぶりを見てがっかりしたんです」
東条「がっかり、ですか」
老人「ええ。もう何十年も前のことですが『父さんは作業をこなしているだけで、本当の仕事をしていない。仕事っていうのはもっと厳しいもので、時には結果を出すために人に冷たくならなくてはいけないものなんだ。今はまだ父さんみたいにこなすだけでも生きていける時代かもしれない。でもそんなぬるい安定期はいずれ終わる。そうしたらそういう仕事の仕方はもう必要とされなくなるんだ。父さんの世代はそのまま人生のゲームをあがれるかもしれないが、僕らはそうはいかない。もっと仕事に人生をかけてやりきらなけりゃ競争に勝てないんだ』なんて言ったんです。情けない」

東条「なかなか言いますね。でも、その通りになったじゃないですか。ちゃんと時代のうねりを読んでいる。かなり頭が切れる人ですな、息子さんは」

老人「頭だけですわ。でも心は伴っていない。だから嫁さんに逃げられたんです」

東条「私は羨ましいですけど」

老人「でも、直樹の言うのも当たってますわ。私は何もやりきっていないんです、この人生で。これが私の最大の弱みなんです」

東条「いやあ、興味深いお話だ。でもね、それはあなたの弱みじゃないですよ。というか、例の強みがグレちゃったやつですよ」

老人「強みがグレちゃった？」

東条「ええ。あなたは、人に優しい。人の話をちゃんと聞ける人だし、その人の気持ちや考えを大切にしますよね。だから、あなたの周りにはいつも人が集まってくるし、私もこうやって話を聞いてもらっているんです。それは『エンプティ・チェア』などのテクニックがそうさせたんじゃなくて、あなたはもともとそういう『強み』を持っていたんだと思います。で、その『強み』が裏返しになったんですよ、きっと」

老人「強みが裏返し？」

東条「面白いもんですね。あなたが私に教えたことなのに、自分じゃわかってないんですね。そんな優しいあなただから素晴らしい人間関係を持っている。でもその裏返しとして、仕事においては息子さんの憧れるような、生き馬の目を抜くようなことはとてもできないんです。でも、それは人間として何かが欠落しているわけではないんです。ただ、息子さんがシャープすぎたのかもしれませんね」

老人「なるほど。東条さんはやっぱりすごいですな」

東条「いやいや。ほんと面白いもんですね、人って。ははは。こんなに静かな老後を過ごして、奥さんとも仲良く暮らしているのに、そんなことに気をもんでいるとは」

老人「そうですな。では、この話はこの辺までにしときますか」

東条は弱みを乗り越えて「一皮むける」ための行動についても聞きたいと思ったが、これ以上話すと自分の息子の話もしなければならなくなりそうなので黙っていた。疲れたのか、老人もここで口をつぐんだ。お互いの弱みについて話したことで二人の距離はさらに縮んだのは間違いない。しかし今回の対話が尻切れトンボのような形で終わったのは少し後味が悪かった。

東条は、強みを活かすのと弱みを克服するのとどちらがより効率的なのか、というお題を奥野老人に投げかけるつもりだったが、強みと弱みという二律背反的な認識自体が意味のないものに思えてきた。人は所詮変われない、だったら強みを活かそう。人は変われる、だったらまず弱みを克服しよう。そのどちらが正しいか、という議論も無意味なのだろう。でも、東条は奥野老人がどのように答えるかに興味があったのだ。しかし、答えはどうやら自分の中から浮き上がってきたようだ。いつものように。

弱みは強みの裏返し。
さらけ出せば
信頼関係ができる

第四の対話

仕事

ダメ息子の家出

　その日は朝から奥野老人の顔色がすぐれなかった。東条が話をしていても時々上の空といった表情だ。それは、東条がまた社内でのどうでもいいゴシップについて話している時に起きた。

老人「ちょ、ちょっと待ってくださいな」

　奥野老人は胸に手を当てて深呼吸し始めた。

東条「どうしたんですか」

老人「いや、私、不整脈で。時々こうやって心臓が苦しくなるんです」

東条「だ、大丈夫ですか⁉」

東条「たぶん大丈夫です。でも、こうやってこのまま東条さんの前で逝っちゃったらご迷惑だろう、なんて考えると、ますます鼓動が激しくなるんです」

東条「それは大変だ、救急車呼びましょうか」

老人「いやいや、何か別のことに気持ちが向けば大丈夫です。私の気持ちが他のことに集中するような、何か、面白い事を話してくださいな。このままではどうにも……」

東条「面白い話？」

老人「そうです。気持ちがそっちへ集中すれば治まりますわ、こんなもん」

東条「ええっと、そうですね、あっそうだ、実は私には秘密があるんです」

老人「ほ、ほう、秘密ですか」

東条「実は私も息子とはいろいろ問題を抱えていましてね。もう何年も会っていません」

老人「ほう、何年くらいですか」

東条「そうですねえ。もう7年になるかな。家内はたまに会っているみたいですけどね。家にはまったく寄りつきませんよ」

老人「そうなんですか。なんでまたそうなってしまったんですか」

東条「なんでと言われましてもねえ、いろいろあったんです。なかなか一言で言えるようなことでもありません。家族って複雑ですからね」

老人「そうですな。一筋縄ではいきませんのう、家族は」

東条「でも、まあよく考えてみれば結構単純な話だったかもしれないな、ウチの場合は。息子はちゃんと一流大学の経済学部に入ったのに、アーティストになりたいなんて言い出したんです」

老人「アーティスト？」

東条「ええ、絵を描いてそれを仕事にしたいって言い出したんです」
老人「ほう、絵描きさんですか」
東条「そうです。確かにあいつは昔から絵を描くのが得意だったんですけどね、絵で生計を立てるなんて大変じゃないですか」
老人「そうですかのう。東条さんはご自分のときもそんな風に考えたんですか？」
東条「私が就職するときのことですか？」
老人「ええ」
東条「幸か不幸か、芸術とかそういうものにはからっきし才能も興味もなかったから、そんな心配はなかったです。ストレートに政治経済学部から就職しました」
老人「幸か不幸か、どちらなんでしょうか」
東条「まあ、今考えればそんな才能なんかなくて良かったと思いますけど」
老人「絵がうまかったり、音楽が演奏できたり、私は羨ましいですがのう」
東条「まあ、確かに羨ましいとは思いますけれどね。人が驚くするような絵が描けたら楽しいでしょうね。趣味ならいいでしょう。でも現実的には食っていかなくちゃならないですから、ムリですよ、アーティストなんて。テレビに出たり駅のポスター描いたりでもしない限りね」

老人「そうですかな、ムリですか、若いうちでも」

東条「ムリかどうかっていうのはわかりません。でも、自分の息子に危ない橋は渡らせたくないじゃないですか。お前がやりたいんならそれでいいよ、やってみろよ、なんて物わかりのいいことを言ってあとで本人が路頭に迷ったら責任が取れますか？」

老人「責任を取らなければならないんですか？」

東条「言いたいことはわかりますよ、本人の人生だってことでしょ。でもね、そんなこと言っても、自分の息子は特別なんです」

老人「お気持ちはわかります。で、東条さんはなんとおっしゃったんですかな、息子さんに」

東条「『絵描きなんかになるなら出ていけ』って言ったんです。そうしたら、本当に出ていきやがった」

老人「そうなんですか。それは大変でしたな」

東条「大変というより、がっかりでしたね」

老人「がっかりですか。誰にですか？」

　老人が挑戦的な目を東条に向けた。しかし東条はそれを見て見ぬふりをして続けた。

東条「そりゃ息子にです。あんなに簡単にやけになって私のもとから去っていくんだなってね。

それまで結構いろいろ世話してきたつもりだったんですがねえ。さっぱりしたもんですよ」

老人「よっぽど悔しかったんでしょうな」

東条「何が悔しかったんですか？　自分のやりたいようにさせてもらえなかったからやけになってキレただけじゃないんですか」

老人「ほう、やけになったのはどちらですかな？　息子さんは純粋に絵描きさんになりたかったんではないですかな？　東条さんの想像以上に強い気持ちでのう。それで、東条さんにそんな気持ちをわかってもらいたかっただけではないですかな。自分のやりたいことをやる、というより、わかってもらえなかったことが悲しかったんではないですかのう」

東条「それで、私が自分の思い通りにしようとしてたからキレたっていうんですか」

老人「違いますかな」

東条「違いますよ。私はあいつに幸せになってほしかっただけなんですから」

老人「それはもちろんです。でも、東条さんが自分で納得できる形で幸せになってほしかったんではないですかな」

東条「それはそうですよ。私も人間ですから、自分が理解・納得できないことを認めることはできない。私の方が人生経験があるわけですから、私を納得させる必要があるんです、息子には」

老人「そうですかな、そんなに東条さんは世の中がわかっているんですか？」
東条「少なくとも学生だった息子よりはずっとわかってます」
老人「たしか、今の時代は上からの指示なんて待っている奴は使えない、自分の頭で考えて自分で判断しなければいけない、とおっしゃっていたのは東条さんでしたが。絵描きの世界というのもよくわからないでしょうに」
東条「結構イヤミなこと言いますね。でも、私の方が総合的な判断力はあったと思いますよ。絵描きだろうが何だろうが、世の中には普遍的なビジネスの法則があるんですよ。そこで生き残るには正しい判断力が必要なんです」
老人「正しい判断力……。で、息子さんは今どうしているんですか？」
東条「妻の話では、雑誌の挿絵なんかを描きながら、たまに小さな個展とかを開いて細々とやっているみたいです」
老人「すごいですのう、個展なんて。挿絵の仕事だって簡単には取れないでしょう。やっぱり才能があって、かなりがんばったんでしょうなあ」
東条「いやいや、そうでもないですよ」

東条は息子の生き方、特に仕事についての考え方はまったく受け入れていない。しかし、一方で、なんだかんだ言いながらも好きなことをやりながら家族をなんとか養って生きていけている息子の才能と努力については実は一目置いていたのだ。息子のそんなところを褒められると、思わず笑みがこぼれてしまう。

老人「東条さん、うれしそうですのう」

東条「いや、とんでもない、あんな道楽息子。ウチの恥です」

老人「でも、テレビはまだでも、挿絵というのはポスターの絵を描くのと同じくらい大きなお仕事ではないですか」

東条「でも雑誌の挿絵ですからね。まあ、そうですかね。ポスターと同じくらいのインパクトはあるかもしれませんね」

アンフィニッシュド・ビジネス

老人「お会いになってはどうですか」

東条「は？　誰に」

老人「息子さんです、もちろん」

東条「なにを今更、でしょ」
老人「今だから会えるんではないですか」
東条「なぜ今なんですか」
老人「人の話を聞いたり、気持ちを理解することができるようになった今だからです。それに、息子さんに会ってちゃんと向き合うということは、これまでの東条さんがやり残した大切な仕事ではないですかのう」
東条「やり残した仕事……」
老人「個展とか、でかけていって認めてあげたらどうですか」
東条「認める？　あいつを、なんでまた」
老人「雑誌に挿絵を描いて生計を立てているんですね。立派じゃないですか。お父さんに見捨てられたのに」
東条「人聞きの悪い。別に見捨てた訳ではないです。甘い考えに釘をさしてやっただけです」
老人「じゃあ、今度はなんと言ってあげますかな」
東条「そうだな……まだまだだぞ、世の中は甘くはないぞって言ってやりたいですね」
老人「いいですな。言ってやってくださいな」

東条「あいつは聞く耳持たないですよ」
老人「そんなことはないと思いますのう。これについては、私は答えを持っていますわ」
東条「答え？　どんな答えです？」
老人「息子さんはちゃんと聞いてくれます。そして、自分のことを少しだけ認めて身を案じてくれている東条さんに感謝しますよ」
東条「……そうでしょうか」
老人「そうですわ。椅子を替わって試してみますかのう」
東条「ああ、あれですか。そうですね。じゃ、やってみましょうか」
　東条は老人に言われるがまま席を替わり、息子の気持ちを感じ取ろうとした。少し時間がかかったが、息子の思いは感じられた。それは老人の言っていることに近いものだった。東条は早く息子の顔を見たいと思った。
東条「わかりました。家内に居場所を聞いて、今度乗り込んできます」
老人「乗り込むなんて、敵地ではないんですから。で、いつ行きますか」
東条「1か月以内にちょっと顔出してきます。アンフィニッシュド・ビジネスか……」
老人「アンフィッシュ……何ですか？」

東条「あなたが言った、やり残した仕事のことです。ところで、あなたのアンフィニッシュド・ビジネスはどうします？　まさか私だけがここで宿題を課されるって決まりもないでしょう？」

老人「何の話ですか」

東条「あなたもそろそろ、息子さんの仕事を認めてあげたらどうですかってことです」

老人「息子の仕事って、あんな人切り仕事をですか」

東条「あなたはすべてをわかっているわけではない、でしょ」

老人「それは、もちろん、何もわかっていません」

東条「もちろん、息子さんの仕事のこともよくはわかっていない。たぶん私はあなたより息子さんの仕事についてはわかっていると思います。本当に素晴らしい仕事をしていると思いますよ。確かに恨みを買うことは多いでしょう。でも、それによって会社は救われるんです。つまり、多くの従業員の生活が救われるんです。救われた人よりも切られた人の方が大きな声を上げるでしょうから、人を傷つけることの方が目立つかもしれませんが、立派な仕事なんです。勇気と才能と、そして、正義感がなければできない仕事です。日本の経済を愚直に救っているんです」

老人「そんな……。愚直は、私の大好きな言葉ですが」

東条「で、いつ行きますか」

老人「いつって」

東条「息子さんに会いに行く日ですよ。私は1か月以内と約束しました」

老人「東条さんは厳しいですな。息子は横浜でして、わざわざ行くのはしんどいので、電話をかけますわ。それでいいでしょうか」

東条「横浜くらい行けそうなもんですけど。まあいいでしょう。ちゃんと息子さんに『お前の仕事のことは知り合いから聞いてよくわかった。立派な仕事をしているんだな』とか言ってやってください。私からすりゃ、本当にうらやましい息子さんなんですからね」

老人「はあ、わかりました」

なぜかまた東条の目に涙がこみ上げてきた。ここは涙腺をゆるませるところではないだろ、と思いながら老人を見るとやはり涙が目ににじんでいた。この感情が何なのか、東条にはまだわからなかった。

恩返し

東条「しかし、こうやって考えてみると、仕事っていうのは難しいですね」

老人「難しいですのう」
東条「子どもの仕事の心配する前に、自分の仕事の心配をしなければいけませんね」
老人「そうですな。まずは自分ですな」
東条「あなたは、緑のおじさんをしていると聞きましたが」
老人「正確には、学童擁護員というんですが」
東条「はあ、そうでしたね。で、何でまた人生に残された大切な時間をボランティアみたいな仕事をしながら過ごしているんですか？『古井戸よろず相談所』を大きなビジネスにするとか、奥野さんのそのキャラならいろいろできそうですけど」
老人「私はきっと、恩返しをしたいと思っているんです」
東条「恩返し？」
老人「ええ。ここまで生きてこられたことに対しての恩返しです」
東条「そんなにいい思いをしてきたんですか？　そうは聞こえませんでしたが」
老人「特にいい思いなんてしていないです。でも、私なりに人生を楽しんできました。重い病気にもかからなかったし、こんなに長く生きてこられました。楽しみましたなあ、辛いことも含めて」

東条「辛いことも楽しんだ？」

老人「ええ、まあ今だからそんなこと言えるのかもしれませんがのう。人生で起こった事すべてが幸運だったような気がするんです」

東条「それは羨ましい。では、例えば肉親の死とかも幸運なのですか？」

老人「もちろんそういう時は悲しくて、辛かったですよ。本当に。でも、人は死ぬから人生が美しいように、そんな不幸があるから人生も豊かになるんではないですかのう」

東条「そんなもんですか」

老人「さあ、どうでしょう」

東条「どうでしょうって。まあ、いいや。で、そうやって感謝しているからボランティアみたいな仕事をしているんですか？」

老人「まあ、感謝しているからというわけではないですが。感謝しながら、できることをさせてもらっているわけです。でも、子どもの顔を見るのは楽しいもんです。もうこうなると仕事なのか趣味なのかわかりません。もちろん、子どもの命がかかっているのでいい加減なことはできませんが。今まで仕事をこんな風に感じたことはなかったですわ」

東条「こんな風にって？」

老人「ええ、仕事か趣味かわからないというか、お給料をいただかなくても続けたいというか、そんな感じです」

東条「私は、そんな風に感じたことはないですね。給料を止められたり、宝くじに当たったりしたら、すぐにでもあんな仕事辞めてやる」

老人「まあ、私もそうでした。これは年寄りの特権ですわ。もう上昇志向なんてありませんから、今は子どもたち一人一人の笑顔が宝物なんです」

東条「ある意味、うらやましいですね。でも、あなたは前からずっとその仕事をしたいと思っていたわけではないんですよね？」

老人「そうですが、今思えばこれが本当にやりたかった事だったのかもしれません」

東条「学童擁護員が本当にやりたかったことだったのですか？」

老人「歳を取ってわかってきたことですが。私も昔は会社でもっと出世したいと思っていたんです。東条さんみたいに皆が驚くような経歴を持つことは無理でも、多くの人に尊敬されて、お金もたくさん稼いで立派な家を建てたいとも思っていました。旅行もたくさんしたかったですし。でも、年寄りになってわかったのは、それは私が目指すべきものではなかったということです」

東条「あなたが目指すものは何なんですか？」

老人「私は少しでも人の役に立ちたかったんです」

東条「会社勤めだって、十分人の役に立っていたんじゃないですか？　家族のため、会社のために一生懸命に働いてきたんでしょ」

老人「ええ、でももっと見える形で、特に弱い人の役に立ちたかったんです。もっと実感できる支援というんでしょうか」

東条「実感できる支援。あなたにしては難しいことを言いますね」

老人「東条さんも厳しいですな。ところで、東条さんは『ライ麦畑でつかまえて』という本を知っていますか？」

東条「知ってますよ。今どきは『キャッチャー・イン・ザ・ライ』って言いますけれどね。村上春樹が訳してますね。読みましたよ、私も」

老人「ほう、今は横文字のまま言うんですか」

東条「で、『キャッチャー・イン・ザ・ライ』がどうしたんです？」

老人「あれは、ずいぶん若いころに読んだんですけれど、そう、あの本の最後のほうで主人公が、自分は崖の上のライ麦畑で遊んでいる子どもたちが崖から落ちないようにライ麦畑の端っこで見守っている番人（キャッチャー）になりたい、って言っていたのを覚えていますか？」

東条「ああ、たしかそうでしたね。そこからあのタイトルになったんですよね。でも、あの主人公はおかしいですよ。物語としては面白いかも知れないけれど、あんな性格じゃ社会では生きていけないでしょう。正直私はあの小説はあまり好きじゃなかったですね」

老人「確かにそうですな。あれは社会では生きていけない少年の話だったかもしれないです。でも今考えますと、それは私にも言える事なんじゃないかって思うんです」

東条「あなたが社会で通用しない人間だというんですか？」

老人「そうです。実はあの主人公と同じように社会でしっかり生きていけないような性格をしていたのに、そんな自分をだまして、仮面をかぶったまま何とか生きのびてきたのかもしれないと思うんです。いずれにしても今私は本来の自分らしい『キャッチャーなんとか』になっているんです」

東条「なるほど、緑のおじさんとして」

老人「ともかく、今とても幸せなんです。誰にでもできる仕事ですけれどのう。でも私ほど楽しめる人はいないと思ってます。毎日可愛い子どもたちの笑顔を見られて、その子たちのために小さいけれど何かをしてあげられて。時には『いつもありがとうございます』なんて言ってくれる子もいるんですよ。こんなにありがたいことはありません」

東条「なるほど。嫌な過去にも今の境遇にも感謝して恩返しをしているわけなんですね。でも、恩返しってそんなに大切なものですかね。そんなに素晴らしいものですかね」

老人「素晴らしいです、やっぱり。時に東条さんは人生の意味とか考えることがありますか?」

東条「ええ、ありますとも。私だっていろいろ考えてきましたよ。でも、結局わかったのは、人は皆生まれたくもない時に生まれてきて、死にたくもない時に死なされるということです。そんな理不尽で残酷なことってないけれど、それが人生だから文句を言っても仕方がない。楽しむしかない、ということです」

老人「その通り。さすが東条さんです。でも、そう考えると虚しくなりませんかのう」

東条「虚しくなりますとも。でもそれが人生でしょう」

老人「私はその虚しさに耐えられそうにもありません。なんとか意味を見出そうと考えてしまうんです」

東条「それは『負けのわかっている戦い』でしょう。意味なんていくら考えてもないものはないんだから見つかりませんよ」

老人「そうかもしれません。でも、私はその答えを探すのが人生だと思うんです」

東条「まあ、そうとも言えるかもしれませんね。で、何ですか、感謝して恩返しをすると人生の意味が見えてくるのですか?」

老人「いや、残念ながら」

東条「なんだ、やっぱり感謝しても仕方がないじゃないですか」

老人「そうですなあ。でも仕方があるとかないとか、そんなものでもないんです。言えることは、感謝して恩返しをしていると自分の時間が充実してきて、毎日が楽しくなるということ。自分の為だけを考えて一生懸命生きていても、東条さんがおっしゃったように死にたくもない時に死なされる運命です。意味なんかないですのう。でも、それが誰かのためになっていて、その人たちは自分によくしてくれた人たちでその人たちにお礼をしているのであれば、今やっていることと社会がつながっているような気がして、生きていることに少しだけ誇りを持てるんです。実際は意味がなかったとしても、私にはあると」

東条「そんなこと考えもしなかった。努力することが自分と家族の生活のためでもあり、会社や社会のためであって、それ以上でも以下でもないと考えていました。税金もちゃんと払っているんだから社会ともつながっているし。でも、あなたはそういうことを言っているのではないんですよね。人生の意味か。考えても仕方がないと思ってきたからなあ。ある意味、私が思考停止をしてきたのかもしれませんね。もっとしっかり考え抜かなければいけなかったのかもしれない。

じゃあ、自分の人生の意味を感じるために、具体的にどんなことをすればいいのですか?」
老人「さあ、どうでしょう」
東条「そうか、答えてはくれないんでしたね」

人生に意味をもたらすために

老人「いえ、少しは何か言えるかもしれません。そう、何でもいいですが、感謝する人に恩返しをする、あるいは得意な分野でボランティアをすればいいんじゃないでしょうか。東条さんは少しボランティアという言葉を嫌っているようでしたが」
東条「ええ。確かにボランティアという言葉の響きは嫌いですね。何だかいい人面《づら》しているみたいで。でも確かにアメリカ人のシニアはボランティアをしている人が多かったな」
老人「そうなんですか。アメリカさんは何でも進んでいますからのう。老人の幸せについてもずっと考えているのかもしれませんな」
東条「いやいや、何でも進んでいるなんてことはないです。一緒に仕事をしてみればわかりますが、どうしようもない奴らもたくさんいましたよ。日本じゃ考えられないようないい加減な仕事をする奴もウヨウヨいます。おかげで私は責任を取らされてひどい目に遭わされました」

老人「さすが東条さん、いろいろな経験をされていますな」

東条「ともかく、アメリカでボランティアをしていた老人たちはみなイキイキしていたのは事実だし、『ボランティアを楽しんでいる』ように見えました。うーん、しっかり稼ぐことが顧客に何らかの形で貢献している証拠で、稼ぎがないボランティアは自己満足的で本当の仕事ではない、みたいに考えていたけれど、それは間違っていたのかもしれないな。報酬はなくても感謝の気持ちからボランティアをしたら仕事の意味が見えてくる、そんなこともあるのかもしれない」

老人「どうなんでしょうなあ。一度試してみてはどうですかな」

東条「試すって、何を?」

老人「ボランティアです」

東条は「冗談じゃない」と言いかかったがが、何とか言葉をのみこんだ。これまで老人の提案を素直に受け入れると、必ず何かの気づきにつながっていた。しかも、今回は珍しくアドバイスをしてきた。きっと老人はこれがいい結果をもたらすと確信をしているのだろう。それを断ってしまっていいものか……。

東条「少し考えてみます。ところで、あなたはどうして普通の人が気づかないような事を人に気づかせることができるんでしょう」
老人「さあ……。私にできることは誰にでもできるはずなんですが」
東条「いや、あなたは何か特別なものを持っていますよ」
老人「いえいえ、特別なものなんて何もないですがのう、本当に」
東条「間違いなく持っていますよ。何か、いつも周りの人と違っていたこととか、よく人から言われた、あなたならではの特性とかありませんか」
老人「ないです、特性なんて」
東条「いや、なんかあるでしょう。些細なことでも」
老人「そういえば何回か、奥野はいつも遠回りしてよく平気だな、って言われました」
東条「遠回り?」
老人「ええ、たぶんすぐに結果を出せなくても気にしないでフラフラしているってことだと思うんですが」
東条「遠回りしてフラフラか。なるほど。ああ、そういえばアメリカに『Stop and smell the roses』ていう言い回しがあるんです。それと近いかな」
老人「どういう意味ですか?」

東条「『立ち止まってバラの香りをかぐ』という意味なんですけど、アメリカ人の友人、取引先の社長でしたが、彼から、全力疾走ばかりしてないで、少し立ち止まってバラの香りをかいだ方がいいぞ、って言われたんです」

老人「しょうがないですわ。東条さんは優秀すぎますから。私は頭も良くなかったし、運動神経も良くなかったので競争は大嫌いだったんですが、生きていく中では何度か競争しなければならないですのう。それでも私は競争から逃げるように遠回りをしてきて、おかげでバラやら何やらの香りも楽しんでこられたのかもしれません」

東条「ある意味、人生なんて競争そのものですからね。我々は資本主義の中で生きている。私はそう考えてきました。逃げられるなんて思いもしませんでした」

老人「私はその競争をことごとく逃げてきたんです。それで息子にはあきれられてしまいました。でも東条さんは勝ってきた人ですわ。全力疾走は勝者の義務みたいなものだったんじゃないでしょうか」

東条「ええ、そうかも知れません。でも、それを後悔し始めているんです。みんな私の思い込みで、大間違いだったような気がする。大切なものを見過ごしてきたような……」

老人「後悔などする必要はないと思います。誰が見ても素晴らしい経歴ですからね。もし、もっとバラの香りを嗅ぎたいというのであれば、今からそうすればいいんです。『これまで何であったか、これから何であり得るか』です。それにまだ午後6時ですからのう」

東条「確かに。ボランティアにバラの香り。考えさせられますね。『古井戸よろず相談』をなんでみんなが称賛するのか、わかってきたような気がします」

老人「私にはさっぱりわかりませんがのう」

東条はもうすでに老人の「古井戸よろず相談」の価値については確信していた。これはこれまで自分が出会ったことのない、とてもパワフルなサービスだ。これを求めている人はたくさんいるはず。つまり、大きなマーケットがある、ということだ。

東条「私があなたのようによろず相談を始めたらどう思いますか?」

老人「東条さんがよろず相談を?」

東条「そうです。もう、ただただ聞く、ということができるようになりましたし。もうアドバイスしたり勝手な判断をしたりはしません。これはこれからの時代に求められるサービスだと思うんです。世の中には私のように孤独なビジネスマンがたくさんいるはずです。みんな聞いてもらいたいんです。ボランティアはまた将来考えるとして、『古井戸よろず相談所』として、フランチャイズにしたらどうでしょう? のれん分けみたいなもんです。看板の使用料をお支払いします。そうしたら、あなたは何もしなくても収入が入るんです。いわゆる不労収入です。つまり、自分で労働をしなくてもお金だけ入ってくるということです。いいでしょ」

老人「私はそんなものはいりませんがのう。その前に、『古井戸よろず相談』が東条さんに合っているかどうか考えた方がいいと思います。時に東条さんの強みは何でしたかな」

東条「たしか、前のお話では、人から尊敬されるためにガンガン物事を進めていくといった点だったと思います」

老人は明らかにさめた目をしている。バカげた話だと思っているようだ。わかりやすいじいさんだ。

老人「その強みとこの相談が合いますかな？　何だかもったいない気がしますがな」

東条「ガラじゃないってことですかね」

老人「ガラというより、東条さんはもっとご自分を高めて目立つ存在になる方が〝らしい〟と思うのですがのう。このよろず相談は、うまくいけばいくほど自分はどんどん重要でなくなるものですから」

東条「重要でなくなる？　私にとってあなたはどんどん重要になっていますが」

老人「それではまだまだということですな。私なんかいるんだかどうか、いたんだかどうかもわからないくらいに東条さんが成長するのが一番なんです」

東条「そんなもんですかねえ。よくわかりませんが」

老人「そんなもんです。いずれわかると思います」

東条「要するに、私はダメということですね」

老人「そうですな」

この37年間、東条にとって仕事は生活の中心であり、存在理由、自信の拠り所だった。しかし、これまで仕事の意味について本気で考えたことはなかった。

老人の学童擁護員のように、死ぬまで続けたい仕事が自分にあるのだろうか?

老人の言う通り、短期的な成果を上げることだけが仕事の目標ではない。そもそも成果を上げることだけが仕事の目的でもない。これは東条にとってコペルニクス的な発想の転換であり、簡単に受け入れられるものではなかった。しかし、この発想の転換がなければ、東条は「お荷物シニア」という箱の中から完全に抜け出すことはできないのかもしれない。

ボランティア、感謝、恩返し。考えたこともなかった。そういった言葉をよく使う連中を毛嫌いすらしてきた。しかし、それは東条の「これまでのあり方」であり「これからどうあり得るか」は別の問題なのだ。

東条は、目の前にこれまでの自分とこれからの自分の境界があるように感じた。この境界を踏み越えるには勇気がいるが、これを踏み越えなければならないのだ。

東条は部屋の床に浴衣の紐を伸ばして置き、線を作った。その前に立ち、しばらく考えた。そして、ゆっくりとその線をまたいだ。

知子と話し、来週息子の作品を展示している銀座の画廊に行くことにした。7年ぶりの息子にちゃんと言うべきことが言えるだろうか。

感謝して
恩返しをしていると
毎日が楽しくなる

第五の対話

成長

息子たちとの再会

お互いの息子のことを話して以来、東条にとって奥野老人はさらに親密な存在になってきた。初めは「品格」の高い老人を相手にしていると思って構えていた東条だが、最近は老人といるときには緊張感もなくすっかり打ち解けている。

東条「すみません、勝手に開けちゃいました～。少し早いですけれど、いいですか」

老人「どうぞどうぞ、お入りください。いつもの席に座ってくださいな。これを済ませてすぐにいきますから」

老人は洗った手を拭きながら部屋に入ってきた。この日は珍しく、奥野老人の方から勢いよく話し始めた。

老人「いやー、驚きました。さすが東条さんですのう」

東条「何がですか?」

老人「息子のことです。あの後、すぐに息子に電話したんです。そうしたら、直樹もなんだか喜んでくれましてのう、ぜひ横浜の家に遊びに来いって言うんです。年に一度は向こうから来るんですが、こちらから行ったのは本当に久しぶりですわ。息子はしっかりやってました。嫁さんともいつの間にかヨリを戻していまして、今はうまくやっているようでした。本当に行ってよかったです。これもみんな東条さんのおかげです」

東条「いえいえ。それはよかったですね。で、仕事の方はどうでした？」

老人「そちらもしっかりやっていました。うちの息子は照れ屋なんであまり話さないんですが、嫁さんがいろいろ説明してくれました」

東条「今でもやっているんですか、企業再生の請負人」

老人「そうみたいです。今でもたまに変な恨みの手紙が家に送られてきたりすることはあるみたいですが、それ以上に感謝している人がたくさんいるようです。嫁もそれを誇りに思っているようでのう。東条さんのおっしゃった通りでした」

東条「やっぱり立派な仕事でしょう？」

老人「立派かどうかはわかりませんし、私だったら絶対にやらない仕事ですが、でも直樹なりにしっかりとやりきっているようです。あれが直樹が私に言いたかったことなんですのう。私はなんでも中途半端でしたが、直樹は親に何と言われようと、やると決めたことを『やりきった』んですわ。大したもんです」

東条「『やり切った』ですか。なるほどねえ」

老人「ええ、よくやっていると直樹に伝えましたら、直樹は『50歳になった今になって父さんの言っていたことがわかるよ』って言ってくれましてね。『昔、川の流れと川底の小石の話をしてくれたよね。僕は今まで、川の流れを変えることばかりやってきたけれど、仕事で苦労してやっと川底に横たわる小石の言葉を聞くことの大切さがわかったんだ。小石の言葉を聞かないで川の流れを変えてもいい流れは作れないんだよね。そうでしょ、父さん』。私はそんな話をしたことも忘れてましたがのう。ははは」

東条「あなたの息子さんらしいですね。素晴らしい」

老人「私はいろいろ勝手に思い込んでいたんですのう、20年も。直樹は、自分が儲かることばかりを考えていたわけではなかったんです」

東条「そりゃそうですよ、あなたの息子さんですもの」

老人「こんな年になって大切なことに気づかせてもらって、本当に幸せです。東条さん、本当にありがとうございます」

東条「とんでもありません」

老人「で、東条さんの方はどうだったんですか」

東条「ええ、うちも似たような感じです。実は妻にせかされましてね、すぐ息子の個展のスケジュールを調べて銀座に行きました」

老人「で、どうでしたか？　息子さんの作品は」

東条「それが、いわゆる抽象画というやつでしてね、訳がわからないんです。聞いたらこれは『魂のあくび』という作品だ、とか言うんですけれど、どこが魂でどこがあくびなのか、さっぱりわからないんです。でも、『光、闇、そしてはるかな声』というやっぱり訳のわからない大きな作品があったんですが、それには何だか圧倒されました。とにかく、見ていると時間が経つのを忘れるような感じなんです」

老人「よくわかりませんが、息子さんは天才なんでしょうな」

東条はその言葉を聞いて鳥肌が立った。それを隠すために大げさに右手を顔の前で振った。

東条「いやいや、とんでもない、天才だなんて。でも、結構才能はあるみたいです。挿絵も飾ってありましたけれど、そっちは稼ぎ目的で描いたもので大した作品ではないんです。あいつが本当に描きたいのは、おそらく言葉では説明できないような人の感情だったりイメージ……なんでしょうね。それが『魂のあくび』だったり『光、闇、そしてはるかな声』なんですね。しかも、『光、闇、そしてはるかな声』は売約済だったんです。60万円ですよ」

老人「60万円！　それはすごいですなあ」
東条「私も驚きました。それだけの月給をもらうのだってあの年では大変ですから。結構抽象画家の中では売れている方みたいで、画集も出してました。一冊買ったので、今度持ってきます」
老人「ええ、ぜひ見せてください。よかったですのう、東条さん」
東条「悪いもんじゃないですね、親ばかになるのも」
老人「そうですな。ばか親二人で、楽しいですのう」
東条「こんな気持ち、久しぶりです」

シニアの公理

老人「でも、なんでこんなことが何十年もわからなかったのですかのう、私たちは」
東条「そうですねえ」
老人「歳をとると頭が固くなるといいますからな」
東条「う～ん、歳の問題ではないような気がしますけれどね。そうだな、これは公理みたいなものじゃないのかな」

老人「コーリ？」

東条「公理というのは、1＋1＝2のように、もうそれはそういうものだと決めて疑ってはいけないもののことをいうんです。公理があるから、そこから定理というものが証明される。ピタゴラスの定理、つまり直角三角形の斜辺の平方は他の2辺の平方の和と等しい、というやつですが、あれも1＋1＝2という公理を疑わないから証明できるわけです」

老人「こりゃまたさっぱりわかりません。1＋1＝2というのは真実ではないんですか」

東条「真実ではないかもしれないんです。だって証明できませんから。でも、それは疑ってはいけないものなんです。そうしないと計算も数学もできなくなってしまいますから」

老人「でも、1足す1が2でなかったら何なんですか？　さっぱりわかりません」

東条「例えば……そうだな、火星人の間では、1＋1＝百合《ゆり》の花、かもしれませんよ」

老人「ほおお。火星には百合の花があるんですか？」

東条「だから、例えばですって。仮に相手がそんなことを信じていたら会話が成立しませんよね」

老人「そりゃそうです。何を話しても無駄でしょうな」

東条「だから、自分の理解を超えた話が目の前に現れると、人は通常相手が間違っていると決めつけて、それ以上考えることをやめてしまうんですよ」

老人「しかたがないと思いますな、1足す1が百合の花と言われてしまってはのう」
東条「多分、それと同じようなことが私たちに起きたんだと思うんです」
老人「私たちに1足す1が百合の花、が起きたと？」
東条「そうです。私とあなたでは考え方も生き方も違いますが、それぞれ自分に染み付いた信念みたいなものがあったと思うんです。そこに理解できない信念を持った息子が現れる。どんなに人に憎まれても破たんした会社を再生するんだとか、貧乏しても芸術に生きたい、とかです」
老人「なるほど」
東条「そこで、私たちは、まるで1＋1＝百合の花と言われたかのように息子を否定し、理解しようとすることもやめたんです。あまりに自分の信念とかけ離れているから」
老人「直樹のためにと思ったんですがのう」
東条「仮にそこに愛があったとしても、です。自分の公理に合わないから、そこで思考停止してしまったんですよ、私たちは。確かに自分の信じている事、ある意味自分にとっての公理みたいなものですが、それを否定されたり、それをまったく理解してくれない人がいると頭にくるんですよね。だから思考停止するだけでなく、私みたいに怒りを爆発させたりするんです」
老人「人は信じたいものだけを信じますからのう」

東条「そうそう、そうなんです。思考停止なんです。会社の中でも同じです。男と女の間の理解も、外国人との間の理解も、できるはずなのに思考停止する人が多い。自分の信念を疑うのが怖くて面倒くさくて、相手を否定することで、自分を守ろうとする。これが企業の中でもダイバーシティ（多様性）が活かせない一番の理由なんです」

老人「その言葉は前に聞きましたな」

東条「よく覚えてますね。強みのダイバーシティという話がありましたよね」

老人「今は会社でもそんなことを考えなければならない時代なんですか」

東条「そうですよ。今や女性の社会進出は日本でも当たり前だし、少子高齢化の日本にはこれからますます外国人労働者が増えるでしょうし、若者の価値観もどんどん変わってきてますからね。ダイバーシティはもう活かすしかないんです。あいつらはダメだ、とか訳がわからないって言ったって何も解決しない。時代に取り残されるばっかりなんです」

老人「つまり、おっしゃっているのは思い込みについて、ですか」

東条「簡単に言うとそういうことになります。1＋1＝2という公理は計算したり数学を学ぶ上では必要なものなので受け入れなければ始まりませんが、自分の信念や思想は自分だけのもので、他の人に押し付けられるものではないですからね。だから、厳密にいえば公理でも何でもなく、ただの思い込みなんです」

老人「勉強になりますなあ。私は人の話はよく聞くようにしてきたんですが、でも『人切り』についてはどうしても受け入れられませんでした。何でまた直樹がそんな仕事を、と考えてしまう自分を疑いはしませんでした。おっしゃる通り思い込んでいたんですな」

東条「私も同じです」

老人「老人は特に気をつけなければ。歳をとると頭が堅くなるし、頑固になりますからな」

東条「そうかもしれません。シニアはキレやすい、とよく言われますからね。まあ、私もその一人か。プライドとか、感情のコントロールもそうですけれど、乗り越えなければならない課題として、凝り固まった思い込みというのはありますね」

老人「そうですね。確かに凝り固まっていましたな」

東条「でもね、息子さんのことはありましたけれど、あなたはかなり柔軟にものを考えられる人ですよね。私の方がずっと頑固で、いろいろな思い込みに満ちてます」

老人「息子については全くダメでしたがのう。思い込みはいかんと前から思ってはいたんです」

東条「例えば、どんな思い込みがいけないと思っていたんですか？」

老人「『でなければいけない』とか『であるべき』というのは大体思い込みですな。例えば、『女は謙虚でなければいけない』とか『老人は家でじっとしていなければいけない』、まあいろいろです。東条さんはどんな思い込みを持っていらっしゃいますか？」

老人は自分のことはあまり話したくないように見えた。

東条「いろいろあると思いますよ。『男は強くなければいけない』『無駄は排除されるべき』『効率的でなければいけない』『仕事は優先されるべき』……まだまだいくらでも。『仕事をするなら稼ぎのいいことをするべき』というのが息子に押し付けていた私の思い込みだったんです」

思い込みを論破する

老人「ちょっと外からも眺めてみますか」

東条「外から眺めるって？」

老人「こちらの家内の椅子に座って、そこにいる東条さんを眺めるんです」

東条「ああ、『エンプティ・チェア』の別バージョンですね」

東条は横にあった奥野老人の「家内の椅子」に座った。よく猫が座っているもので、東条がいつも座る籐椅子と同じ種類のものだ。老人の妻はよっぽど身体が軽いのか、東条が座ると重量オーバーを非難するようにきしんだ。

そこに座り、東条が座っていた椅子を眺める。そこで東条自身が『効率的でなければいけない』などと口にする姿を思い浮かべた。

離れたところから自分の言葉を見つめると、自分の言葉は「エンプティ・チェア」を初めてやったときと同じように、どれも薄っぺらく感じた。そして、お得意の突っ込みで自分自身を論破してやりたくなった。

《どうやって効率を図るんだ？　その基準は？》

《効率的でないとどんな問題が起こるのか？　それはそんなに最悪なことなのか？》

〝元の東条〟は口ごもって答えられずにいるように見えた。

東条「こんな意味があるようでないことをいつも言い続けていたのか、私は」

老人「でも、そのことに気づいてよかったですのう。お互い」

東条「そうですね。論理的に攻めることは私は大好きなので、それを自分に向ければいいのですね。これは楽しいかも。自分を論破。いい思考訓練になるし習慣化できそうです」

老人「それは東条さんならではですな。私はつい面倒くさくなってしまいそうです」

東条は、さっき老人が自分の思い込みについてあまり深掘りしないで、東条に話を振ったことを思い出した。

東条「ところで、あなたのどんな思い込みが息子さんとの関係のネックになったんですか?」

老人「……もういいですわ」

東条「いえいえ、そうはいきませんよ。じゃあ、こちらへどうぞ」

東条は老人に「家内の椅子」をすすめた。最近、東条は自分の気づきを得るだけではなく、老人に何かを気づかせることにも楽しみを感じていた。その楽しみは競争心の強い東条ならではの「してやったり」という思いと、老人のポジティブな変化を見て感じるなんともいえない満足感から来るものだった。

「しょうがないですな。よっこらしょ」そう言って老人はゆっくり「家内の椅子」に座った。やはり籐のきしむ音がした。

東条「どうですか?」

老人「……ひどいもんですのう。奥野じいさんによると、『絶対に、人を傷つけちゃいけない、不幸にしてはいけない。仕事は二の次』だそうです」

東条「確かに、人を傷つけるのはよくないですが」

老人「いや、自己満足の極みです。きれいごとです。傷つく人のいない世の中はありません。傷にもいろいろありますが。正しいことをやりきるためには、人が傷つくことはあるもんです。それをろくに考えないで、頭っから否定しても、何も始まらないですよね。そんなことも考えられないくらい、頭が固くなっていたということですな」

東条「でもそれがあなたらしさだし、息子さんに平気で人を傷つけるような人間になってほしくなかったんですよね。それは間違ってないんじゃないですか」

老人「直樹は人を解雇することで人を傷つけたし、不幸にしてしまったかもしれません。でも、あの子自身も十分に苦しんだんです。平気で人を傷つけたのとは違います。しかたなく人を切ったんですわ。切られた人と同じくらい悩んで、苦しんで目的のために『やりきった』んですわ。自分の息子なのに、そんなこともわかってやれなかったんですなあ、私は。お恥ずかしいかぎりです」

東条「恥ずかしいのはお互い様ですよ」

老人「こうやって、人は成長するんですなあ。自分がいかに愚かかはわかりましたから、これからは同じような過ちを犯さないようにするだけです。『今までは愚かだったが、これからは少し賢くなる』ということですな。バカだからこそ学べるんですのう」

東条「そうですね、確かに」

老人「これからは私は自分の言葉、特にきれいごとには用心しなくちゃなりませんな」

東条「そうですね。私は何でもビジネスライクに考えてしまう傾向に要注意ですね」

老人「東条さんと話していると本当にいい勉強になります。本当に、本当に感謝です」

東条「こちらこそ」

東条は老人の、その枯れ木のような腕を見た。人間という生物の成長段階では明らかに最後のステージにあるのが見て取れる。しかし、この老人の精神はまだまだ成長しようとしている。60歳前の自分よりもずっとどん欲に成長する機会をとらえている——

東条「あなたは本当に成長し続ける人ですね。その歳でそこまでがんばる人は見かけません」

老人「そんなことはないです。私には何も特別なことはないですよ」

東条「いやいや、そんなことはないです。何があなたをそうさせるんです？　どうしていまだに成長し続けようという気持ちを維持できるんですか？」

老人「さあ、わかりませんのう。しいて言えば、もう後がないからですか」

東条「後がない」

老人「東条さんは旅行の最終日はどんな気持ちになりますか？」

東条「そうですね、帰りの準備に忙しくてわさわさしてますかね」

老人「なるほど。私は、旅行の最終日は楽しめるものは全部楽しんで帰ろうと考えます。それまではだらだらしていたとしても、もう今日が最後だと思ったらすべての瞬間が特別ですからね」

東条「ああ、時間の密度が濃くなる、というやつですね」

老人「そうです。楽しい旅行が永遠に続けばいいんですが、そうはいかん。だったら最後の日は、旅のはじめに興味がなかったものも全部見て楽しもうと思うんです。それと同じで、老人になってから毎日が新しくて特別、と感じるようになったんです。よくわからないことでも、結局理解できないことでも、それは自分にとって新しいことですから、とても興味深く感じるんです」

東条「毎日が新しい。毎日が特別……」

老人「そうです。こんな歳まで生かしてもらえていることだけでも大感謝ですが、欲張ってもっといろいろ楽しませてもらっているんです。世界はまだまだ面白いことがいっぱいですからな。もちろん、外国に行ったり、本当の旅行はもうできません。でも、こうやってここで暮らしていても、毎日新しい特別なことが起きるんです。たとえば、毎日違った小鳥が家にやってきて毎回違ったしぐさを見せてくれて、かわいいもんです。東条さんがここに来てくれるのも私にとっては特別なことですし。いつも勉強になるお話をしてくださって、本当にありがたいことです。まだまだわからないことばかりですが、こうやって東条さんと一緒に話していると少しずつわかることがあって、こんなに楽しいことはありません」

世界にはまだまだ学ぶことがあり、人生の最後のステップであっても、すべての瞬間で何かを吸収しようという好奇心とどん欲さ。自分がいちばん経験豊富で知識も正しい、といった態度をとらない謙虚さ、他人を利用したり、金にモノを言わせたりしない清廉。これらの共存こそが奥野老人が持っている「品格」なのだろう。

これは少しハードルが高いかもしれない、と東条は思い始めた。気のいいじいさんくらいに思っていたが、やはりこの老人はタダモノではない。自分がその〝境地〟に辿り着くことは可能なのか……。

しかし、私はまだ59歳。午後6時にいる。88歳であそこまでどん欲に世界と接することができるんだから、まだたっぷりと時間が残されている自分にもあんな「品格」を身につけることができるはずだ。「これまでの自分」はさておき、「これからどうなり得るか」だ。

「でなければいけない」

「であるべき」は

大体思い込み

第六の対話

自由

「使命」こそ人生？

「古井戸よろず相談所」に通い始めて5か月、東条の周囲との関わり方には見違えるほどの変化が見られた。

人の話をただただ聞くことが当たり前になってきたし、自分と違った意見や価値観を持った人とも我慢して意見を交換できるようになった。そして、自分の思い込みを意識できるようになった。すると自然に周りの反応も変わってくる。自分と違う意見の中に何らかの価値を見出すようになった東条に合わせるように、これまで東条の発言にシャッターを下ろし続けていた人たちも、耳を傾けるようになっていた。

最近は、しばらく拒否反応を示していた7階のトイレにも入れるようになった。ドキドキせずに用を足せるようになった嬉しさを個室でかみしめていたある日、久しぶりに自分の噂話が耳に飛び込んできた。

「東条さんって最近大人になったよな」

これは若森ではなく、その部下らしい声だった。15歳下の若森よりもさらに若い社員から「大人になった」などと言われたのだから、以前の東条であれば「若造が何を言っているんだ！」と激高しそうなものだ。しかし、この時東条は素直にそれを嬉しい、と感じた。

「さすが元アメリカ支社長だな。その辺の部長連中とは格が違う」

東条は思わずズボンを下ろしたままガッツポーズをした。そして、トイレに人の気配がなくなると個室から飛び出した。廊下に出てきた東条を見た別の社員は「おっ、東条さんめっちゃスッキリしてんじゃん」とこっそり笑いのネタにした。それは東条には聞こえなかったが、最近の東条のポジティブな変化は社内の様々なところでささやかれていたのだった。

東条は早くこの〝第2のトイレ事件〟を老人に話したいと思った。

東条「前ならムッとしたでしょうが、今では笑えます。もうトイレに行くのは怖くないですね」

老人「いいですな。そうやって自分に自信を持つことは大切ですから。でも、もしまた悪い噂が聞こえたらどうしますか？」

東条「いや、もう大丈夫な気がします。それは私に対するいろいろな意見の一つに過ぎないと思えるでしょう。いろんな意見・考えがありますからね。もし何か悪いことを言われたら、また例の〝エンプティ・チェア〟をやりますよ」

老人「ほう、たいしたもんですなあ」

東条「いやいや、あなたのおかげです」

老人「私は何もしていませんがのう」

老人は何もしたつもりはないが、こっちが勝手に気づく。いつものパターンだ。これでいつもうまくいくのだ。しかし、東条はうまくいっているからといってそこに安住することは嫌いだった。常に懐疑的であろうとするのが、東条らしさであり、〝強み〟でもある。

東条は以前、あるセミナーで人生にはミッション（使命）が必要で、それがあるから人は軸の通った意味のある人生を歩めるのだ、という話を聞いたことがある。企業にもミッションや理念といったものは不可欠である。それがその企業の存在理由になるのだ。ビジネスパーソンについても同じはずだ。そして、シニアについても同じではないだろうか。たとえ人生の最終ステージにいるとしても、そこでどんな使命感を持つかは大切なことなのではないだろうか？

確かに、老人の言うように、思い込みを疑ってかかる柔軟性は大切なのかもしれない。しかし、それだけでは柔軟がゆえに結局自分の軸を持たない生き方になってしまうのではないだろうか。それは自分の目指す姿ではないと考えた。

東条は何か大きな目的に向かって突き進みたいのだ。かつてニューヨークで会社のトップまで登りつめるために、生活の多くを犠牲にして仕事に全エネルギーを集中させていた時のように。

東条「自分の思い込みは疑ってかかった方がいい、あまり固執しないで柔軟であった方がいいというようなお話がありましたよね」

老人「ああ、そうでした」

東条「まだちょっとわからない点があるんです」

老人「ほう、何でしょうか？」

東条「つまり、言い換えれば自分の使命なんて大したもんじゃないということですよね」

老人「そういうことですかのう」

東条「でも、何か違うと思うんです。私の考えでは、人はみな何かの使命感を持っていて、その使命を実現するために生きているんだと思うんです。自分の使命があって、それに向かって生きるから辛いことも乗り越えられるんじゃないかと思うんです。たしかに凝り固まった思い込みもあるでしょうけど、自分にとっては大切で、それが自分の人生の指針になるような疑うべきではない使命感もあると思うんです」

老人「で、東条さんの疑うべきではない使命とやらは何ですかな？」

東条「今の会社を業界トップにすることです。日本ではすでにトップですから、言っているのは世界での話です。これは私の使命であり生きがいなんです」

老人「そうですか。立派なものですなあ。ご家庭ではどうですか？」

東条「家庭？」

老人「そうです。家庭での使命はありますか？」

東条「もちろん。家族を幸せにすること。以前は子どもたちを立派な社会人として世に送り出すことが使命でした」

老人「そうでしょうなあ。では、将来会社も退職し、お子さんも独り立ちした後の東条さんにはどんな使命があるんですか？」

東条「そうだな、シニアとして日本の経済の繁栄に貢献する事です。そう、前話したようにボランティアをするかもしれません。できることをするんです、日本経済のために」

老人「いいですのう。老人になっても社会のためにできることをするんですな」

東条「もちろんです。老人でも日本経済のためにできることはまだまだあると思うんです。あなたがそう言ったんじゃないですか」

老人「ええ。でもそれが老人になった東条さんの使命なんですかなあ」

東条「はい」

老人「本当ですかのう」

東条「……」

老人「……」

東条は自分の使命を「日本経済への貢献」と言ったが、その意味が自分でもよくわからなくなった。「家族を幸せにする」という使命についても同じ。「使命」ってなんだ？

東条「何だかだんだんわからなくなってきました。それが本当に私の使命なのかどうか。なんだかシメイという言葉だけが大きくなって独り歩きして」

老人「わからないのが普通ではないですかのう」

東条「使命がわからないのが普通？　使命がわからなければ何のために生きているのかもわからなくなるじゃないですか。人生が意味を持つために必要なことではないんですか？」

老人「いいも悪いも、意味があってもなくても、わからないものはしょうがないじゃないですか。自分の使命なんてわかるときは突然来るのかもしれませんが。それがいつ来るかもわかりません。わからんのに準備もできませんのう。まったくようわかりませんわ」

老人は、興味なさそうに横の椅子にいたミヨを抱き上げ、首のあたりの毛並みを掻き続けた。ミヨが満足げに目を細めるのと対照的に老人は珍しく不愉快そうな顔をしていた。

老人「そもそも、使命とか信念とか大げさな言葉を聞くと、私は戦争中のことを思い出してしまいましてね、正直つらいんです。戦争中はお国のため、とか祖国の家族のため、とかそういった大義名分のために自由を失い、命をなげうった仲間たちがたくさんいましたからなあ」

東条「奥野さんも戦争に行ったんですか?」

老人「一応行きました。でも、その話はあまりしたくないです。老人というものはよくできていましてのう、嫌な思い出はどんどん忘れるんです。いい思い出は何度も思い出すんでどんどん鮮明になってくるんですが。これは物忘れのひどい老人の特権です。いろいろあったけれど、結局は幸運な人生だったと思いたいんですかな。実際にはいろいろひどい目にあったんですがのう」

東条「そうですか。せっかく嫌な記憶を忘れているんだから、わざわざ思い返す必要もないというわけですね」

老人「そう。もう、あっちに放っておきたいんですわ」

東条「わかりました。いまさら嫌な過去を掘り返すというのもどうかと思いますからね。でも、伝えなくていいんでしょうか」

老人「伝える?」

東条「はい、あなたの世代の人しか知らないようなことを、次の世代に伝えるということです。とても意味があると思いますが」

老人「いろいろ本も出ていますからなあ」
東条「でも、生で聞くのとは違います」
老人「東条さんは、それを聞きたいのですか？」
東条「ええ、ぜひあなたの人生についてお話を聞きたいです。そこから学びたいんです」
老人は孫におやつをせがまれたような「やれやれ」という顔をした。
老人「わかりました。では少しだけお話ししましょうか」
老人のこの挑戦は、東条が思ったほど気軽なものではなかったようだ。老人は5分間黙り込んだ。記憶の紐をときながら、度々苦痛に顔をしかめ、ウーンとかフーンとかうなり、ため息をついた。ミヨが膝から飛び降りたが、老人は全く気が付かないようだった。
東条は自分のリクエストの重さにいまさら驚きながらも、黙って老人が話し出すのを待った。

語れない使命

老人「まあ、思い返してみますと私の人生というのは、ほとほと自由と縁のない、文字通り壁に囲われた人生だったんです」

東条「壁に囲われた人生……」

老人「実は、私は生まれが九州の炭鉱の島なんです」

東条「あの世界遺産になった長崎の軍艦島ですか？」

老人「あれは端島《はしま》と言いますが他にも炭鉱の島はあるんです。私はもっと無名な島の出身です」

東条「イメージとしては軍艦島みたいなものと考えていいですか？」

老人「ええ。島は一つの町でしてな。あそこで生まれて、生きて、仕事をして、結婚して、子どもを持って、家族と暮らして死ぬ人もいました」

東条「へえ、そうなんですか。一時的に労働者が住んでいただけなのかと思いました」

老人「いえいえ、島の中に多くの人の人生がすっぽり入っているんです」

東条「島の中での生活はどんなだったんですか？」

老人「狭い世界です。小さい島の中に千人以上の労働者が住んでいたんですがね。過酷な仕事なので収入は本土よりかなり高かったようですが。なにせ世界が狭かったですわ。どこの子が喘息だとか、誰と誰がくっついたとか、学校の先生が休みの日に何をしていたとか、噂はあっという間に拡がるんです。その中には聞きたくもないような下品な噂もありまして、こんな島早く出たいとずっと思っていました」

東条「そうですか。小さな島の中で人生が完結するんですね。まるでマンガの世界ですね。で、いつその島を出たんですか?」
老人「結局中学まで島にいました。高校は長崎です。そのあと、大阪の商科専門学校に行くはずだったんですが、そこで学徒動員されまして」
東条「せっかく都会の学校に入ったのにすぐに動員されたんですね」
老人「そうです。まあ、あまり思い出したくない、暗い経験ばかりです」
東条「そうでしょうね。でも、まだお若かったし、中にはそれなりにいい思い出もあったりするんじゃないですか」

老人は少し考え、何か思いついたのか表情が明るくなった。

老人「そうですな。私は満州に出兵したんですが、その前に同じ中学、今の高校です、その出身の仲間達で宴会をしたんです。ああ、あの時のことは今でもはっきりと覚えとります」
東条「戦時中に宴会があったんですか。贅沢はできなかったんじゃないんですか?」
老人「それが、級友の一人に親父さんが兵器に使う部品の工場長をやっているのがおりまして、お前たちはこれからお国のために大変な思いをするんだろうからって、そのお屋敷に招待されて好きなだけ食っていいと言われたんです」

東条「いいですね。お酒もですか」

老人「いやいや、お酒なんてありませんでした。まだ高校を卒業したばかりでしたから。でも、ご飯は好きなだけ、たくさん食べさせてもらいました。当時そんなに食べられることはなかったから、本当にうれしかったですなあ」

東条「いい思い出ですね」

老人「いえそれが、複雑な気分だったんです」

東条「複雑というと？」

老人「当時、私らはそれぞれ違った部隊に配属になっていたんですが、どこの部隊に入ったかは決して公言してはいけないことになっていたんです。ですから、それぞれがどこで何をするのかはわからないまま『とにかくお国のために命をかけて尽くそう』という使命だけを共有して、それ以上はお互い問わずにとにかくたらふく食ったんです。変な感じでしたのう。親しい友人同士なのに、皆言いたくても言えない大切なことを腹の中に隠して、お互いの気持ちだけはわかって、でも余計なことは言わずにただただ明るくふるまっておりましてな」

東条「友人と腹を割って話せないんじゃねえ。それは辛いですよね」

老人「そうですな。みんな使命だけは共有できていたんですがのう。私の親友だった哲ちゃんもさかんに使命、使命って言っていましたなあ」

東条「私は戦争については決して肯定はしませんが、個人として立派なことじゃないですか。今の若者にはその使命感がないんですよ。少しは見習ってほしいもんだ」

老人「いや、そんな単純なことではないと思います、決して。そんなに軽々しく言えるものですかのう、東条さん」

老人は東条を睨んだ。

東条「いや、すみません。そんなに怒らなくても……」

老人「怒ってはおりませんがなあ。その哲ちゃんですが、後でわかったんですが、鹿児島の誠心飛行隊という部隊に配属されていたんです」

東条「誠心飛行隊って、まさか」

老人「そうです。そのまさかで、神風特攻隊だったんです」

東条「で、特攻したんですか」

老人「しました。両親に遺書を残して。まだ19歳でした。後でその遺書をお母さんから見せてもらいましたがのう、これから出撃、体当たりします、で始まる遺書でした。哲ちゃんが遺した最後の句は今でも覚えています。たしか、『この美しい桜はこれから私が先に散るということを知っているのだろうか』という内容でしたのう」

老人は、封印していた過去の記憶の中を泳いでいた。その目の奥には言葉にならない無数の情景、感情が波のように押し寄せていたのだろう。嗚咽をし、また波が引くとしばらく沈黙した。

東条は、軽い気持ちで老人に話を強要したことに後ろめたさを感じたが、それ以上に強い好奇心から、対話をやめようとは切り出さなかった。

老人は再び静かに話しだした。

老人「哲ちゃんは、特攻が使命だと考えておったんです。自分の命を犠牲にしても国を守るという信念を持っていたんです。そして後に残ったのは何だと思いますか?」

東条「敗戦ですか?」

老人「それもそうですが、涙とため息ですわ。戦争が終わってから私は鹿児島の哲ちゃんの家族とお会いしたんですが、そこにあったのは家族の悲しみと友人たちのため息だけでした」

東条「そうなんですか……。誇りではないんですか」

老人「誇りなんて。家族にしてみれば悲しみがあまりに大きすぎて、その悲しみに意味づけなんてとてもできないでしょう。哲ちゃんは特攻後、少尉に昇格したそうですが、とにかく、もう哲ちゃんに会えなくなったということだけが事実で、それは取り返しのつかないことだったんです。

ただただ悲しいだけです」

東条「そうですか。私は彼らは身をもって使命を果たし、家族は悲しみながらもその勇気と忠誠を誇りに思っているものだと思っていました」

老人は何も言わなかった。

勝ちとる自由

東条は、哲ちゃんについてはこれ以上聞くべきではないと思った。

東条「で、あなたはどちらで戦ったんですか？」

老人「私は戦ってはいないんです。宴会のあと満州に渡ってすぐに終戦を迎えて、そのままシベリアで2年間捕虜として暮らしました」

東条「えっ、シベリア抑留兵だったんですか？」

老人「ええ、実際はモンゴルでしたが、寒さはシベリア並みでした」

東条「2年間もですか。それは辛かったでしょうね」

老人「辛いなんてものじゃなかったですなあ。あの時の気持ちはあまり思い出せないんですが、いつ帰れるかわからない、いつまで続くのかわからないというのがとても不安でした。仲間の多くも次々と倒れていきましたし。あまりものを考える余裕がありませんでした。あの時は、今よりずっと死が身近にありました。

でもそんな余裕のない生活の中でも、忘れ得ぬすばらしい人が何人かいます。小西さんという人がいまして、体の大きい人で、自分もかなり弱っているのに病気をしたりけがをした人がいると真っ先に担いで診療所まで運んでいました。モンゴル兵に言えば救急隊が来て連れていってくれるんですが、連中はいいかげんでしてな、呼んでもなかなか来ないんです。1日待たされることもありました。それで小西さんは寒い中、さっと自分の上着を患者にかけてあげて、その身を背負い、診療所までの遠い道のりを雪の中でも黙々と歩いていくんです。これこそが男だと思いました。私は体も小さいですからもともと無理でしたが、そもそもそんなことする気持ちの余裕がありませんでした。自分が生き残るのに精一杯でしたからのう。

小西さんは、凍傷になって指を3本も切ることになりましてね、それでも病人を運ぶのを止めなかった。あの人の人生には確かに意味がありました。そこには使命もあったんだと思います。でも、それは『お国のため』とか、そういうもんではないんですのう」

東条「じゃあ、何のためだったんでしょう」

老人「たぶん、自分が自分らしく生きるためだったと思います」
東条「自分が自分らしく生きる」
老人「困っている人がいたら助ける、というのが小西さんの生き方だったんでしょう。自分らしく生きる、それはとてもむつかしいことですけれども、実は一番大切なことだと思いますのう」
東条「それにしても、炭鉱の島を出て、シベリア……。信じられない人生だな」
老人「私はいつも壁の中で暮らしていたんです。抑留から帰ってきても、大学や専門学校に入るわけでもなく、すぐに就職しましたし」
東条「どちらの会社に入ったんですか？」
老人「大東和重工です。結局40年勤めました。21歳から61歳まで」
東条「ええ、あの大東和重工ですか。超エリートじゃないですか」
老人「いえ、私は工場の工員として入って、やがて事務職になりましたが係長止まりです。最後は関連会社に出向しました。事務所で偉い人たちとあいさつはすることがあっても、お話をすることはありませんでした」
東条「それにしてもすごい。あの時代に大東和重工とは。戦後日本の高度成長を支えていた中心ですからね。暮らしもよかったんじゃないですか？」

老人「いえいえ、私にとっては、単にまた別の壁の中での暮らしでした。あの会社はいい会社でしたが、私は生活の大半を会社で過ごしていましたから。住まいも、独身時代は寮、結婚してからは小さな社宅でした。その頃は土曜日も働いてましたから、外の世界をしっかりと見る機会がありませんでしたのう。東条さんみたいに海外に出かけるなんてことは一度もありませんでした」

東条「そういう時代だったんでしょうね。でも、大東和重工の社員だということで誇りがあったんじゃないですか。戦後の日本を支える使命を持っていた会社じゃないですか」

老人「そうですね、毎朝の朝礼ではそんな話をずい分聞かされてました。確かに飲み屋に入ったときは会社の名前を出すとよくしてもらったりしたので、誇りがなかったとは言えませんがのう。でも、私にはその看板は重荷でした。会社の使命といっても、平社員の私には関係のないことでしたし。毎日一生懸命働くことが私にとっては精一杯でした。結局、毎日やらなければならないことをこなすだけの、大東和重工という看板を貼った壁の中での人生でした」

東条「壁の中の人生か。でもあなたのことですから、ポジティブに楽しみを見出していたんじゃないんですか」

老人「それはそうですね。私はやっぱりつまらない生活の中にでも楽しみを見出すのが得意なのかもしれませんのう。色んな人と話をしたり、お金をかけずに楽しめることはありました。下手でしたが、野球チームにも入ったこともあります。体はいつも壁に囲まれていても、頭の中はいつも自由でありたいと思っていたんです」

東条「頭の中の自由……」

老人「そうです。それが私が一番大切にしてきたことかもしれません。ラジオを聴いたり、いろんな本を読んだり、野球をしたり、夜遅くまで友人と議論をしたり、そういったところでは自由を楽しんでいたかもしれません。炭鉱の島、シベリアの収容所、そして大企業と壁の中で不自由な暮らしをしてきた私ですが、この頭の中には確かにちょっとした自由があったんです。退職して老人になってからは、こうやって頭の中だけでなく、生活でも自由を楽しんでいるというわけです。もう私は何にも属していませんからのう。しいて言えば、今はこの世界に属しているだけですから。この自由は本当にありがたい」

東条「いいですね。自由かあ。久しく使っていない言葉だな」

老人の顔が急に灯がともったかのように明るくなった。

老人「ああ、自由と言えば、シベリアの収容所で本当に自由な男がいたんです」

東条「日本人ですか」

老人「そう、同じ抑留兵です。田口君といいましてのう。彼が私に輪をかけて好奇心旺盛な男でしてな。ああ、懐かしいなあ、田口君の思い出だけは楽しいですわ。田口君はいろいろなおもしろい話を知っているだけでなく、他人のどんな話でも好奇心を持って聞いてくれるんです。前にお話しした『ただ聞く』というあれですが、初めて教わったのは田口君からだったかもしれません。いつも彼の周りには話を聞いてもらいたい連中が集まっていました」

東条「やはりコミュニケーション力というのは、極限の状態でも大切なんですね」

老人「ええ。田口君が、ある日こっそりと言ったんです。『奥野、脱走をしよう』と。私は初め冗談だと思ったんですが、どうも本気らしい。でも、小心者の私は怖くてうんとは言えなかったんです。そしたら次の日、田口君は別の仲間と脱走したんですよ。春先のシベリアでのう」

東条「春先って言ったら、まだまだ極寒ですよね。その人はどうなったんですか?」

老人「きっとどこかで撃たれたか凍死したかしたろうと思っていて、やがて田口君のことは忘れてしまいました。正直収容所ではそんなことを悲しんでいる余裕もなかったですし。ところが、実に10年後、私が東京の国鉄の座席に座っている時に、目の前に田口君が立ったんです。お互いに目が合って『あっ』と叫んで、『田口君か』『おお、奥野君か』『元気か?』『おお、元気だ』と話したところで、田口君は降りなければならない用事があったようで、急いで電車から出て行ったんです。連絡先の交換もせずにのう」

東条「残念。でも、それはすごい話ですね。逃げ切ったんですね。かっこいい」

老人「かっこいいですのう。気のいい男でしたから、きっとシベリアでも現地の人に助けられて生き延びたんでしょう。彼には、私なんかとは比べ物にならないくらい自由への強い思いがあったんでしょうなあ。頭の中だけではなく、行動し勝ちとる自由です。

田口君は国から押し付けられた使命を語りながらも、ずっと心の中では自分自身の『自由であろう』という使命感をしっかり持っていたんでしょうなあ。それがあったからあんな状況でもちゃんと行動に移せたんです。私なんかは押しつけの使命以外には、何も軸がなかったですから、結局こんな風に受け身の人生になったんだと思いますのう。まあ、それが私らしい生き方かもしれませんが。でも田口君の自由への強い意志には本当に敬服します。すみません、話があっちこっち飛んでしまってのう。ついつい懐かしくなってしまって」

老人はまた遠い記憶の世界に向かったようだ。辛い記憶が多い中、田口君の脱走のような痛快な思い出もあるのだろう。

東条は老人がこちらの世界に戻ってくるまで沈黙に付き合いながらしばらく考えた。

老人は使命感を持ってはいけないと言っているのではない。しかし、「使命」という言葉が持っている、思考停止を誘導するような強制力について慎重になるべきだということを言っているのだろう。確かにそうだ。自己啓発のセミナーなどでは「あなたの使命は何だ？」なんて簡単に問いかけてくるけれど、東条はその答えにいつも苦労した。結局何か言葉を紡いだが、そんな風に無理やり〝使命〟をひねり出して、それにどれだけの意味があるのか、と疑問に思ったものだ。人はなぜ使命とか信念という言葉が好きなのだろう？　老人のように、使命を押し付けられて生きてきた人にしてみれば、使命など語らなくていい自由ほど素晴らしいものはないのに。

エーリッヒ・フロムは『自由からの逃走』の中で、人は個人として自由になると大きな集団と一体化していない孤独の恐怖から、大きな力に屈服したがる、そして自由から逃れようとする、それを利用したのがヒットラーのナチズムだと書いている。これは今の世界に起きていることかもしれない。「絆」という言葉も使いようによっては危険なのだ。

老人がこちらの世界に戻る気配があったので、東条は問いかけた。

東条「なるほど、押し付けられたり、社会の空気に合わせた使命感と、自分の心から湧き出るような使命感とは違うんですね。でも、そこまで大きな話ではなく、普通に仕事をする身として、ある程度の使命感とか責任感は大切ではないでしょうか？　それもなかったら、自由すぎて不安になりませんかね」

老人「そうですのう……。ところで東条さん、今日はこの辺でおしまいにしませんか。ちょっと疲れてしまったようで、あまり気分がよくないんです」

確かに老人の顔色は悪くなっているように見えた。

東条「ああ、申し訳ありません、いろいろ話させてしまいましたからね。じゃあ、今日はこれで帰りますので、続きは次回ということで」

老人「すみません。年寄りはこれだから困りますのう」

東条「そんなことありません。気にしないでください。ゆっくり休んでくださいね」

使命などいらない。これは自由と縁のなかった人生を送ってきた奥野老人ならではの考え方なのかもしれない。しかし、使命などというものは考えて見つけるものではなく、その生き様から自ずと導かれるものだということだろう。

生きていく上で、仕事をする上での責任はある。いい加減な仕事はしたくない。自分の職務はまっとうしなくてはならない。しかし、自分の使命なんて語れなくてもいいじゃないか。

老人のようにただ「わかりませんのう」と言いながら、何でも受け入れて生きたっていいじゃないか——。

使命など語らなくていい
自由ほど
素晴らしいものはない

第七の対話

役割

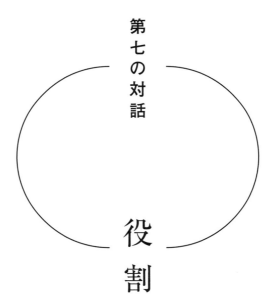

笑顔の意味

その時、東条はちょうど若森と評価面談をしている最中だった。評価面談とは、本来上司である若森が東条に対して直近3か月の業績の評価フィードバックをする場なのだが、評価はさっさと終わらせて、若森が今困っている部下育成について逆に東条が相談に乗っているところだった。

東条のスマートフォンが振動したので画面に目をやると、「よろずじいさん」と表示されていた。もちろん奥野老人のことだ。老人はメールを使えないので、これまで相談所に行くスケジュール確認のためにもっぱら電話でやりとりしてきた。しかし、業務時間中に電話をしてきたのは初めてだ。東条は数日前の老人の疲れ切った表情を思い出し、あわてて画面をタップした。

東条「東条です。どうしましたか?」

老人「先日は申し訳ありませんでした」

東条「えっ、何が?」

老人「あの、私が途中で疲れてしまいまして、情けない話です」

東条「ああ、全然問題ないです。また今度続きを話しましょう」

老人「ええ。あの後私もいろいろ考えたんですが、やっぱり、使命というより、役割なんです」
東条「役割、ですか」
老人「そうです。人には生まれてから……」
東条「あ、すみません。今会議中でして、続きは今度ゆっくりお話ししませんか?」
老人「ああ、お仕事中でしたな。失礼しました」
若森は無表情のまま東条の電話を聞いていた。こんな時間に会社に私用電話をしてくるなんて困ったものだ。若森は不審に思っているに違いない。この感じ、まるでクラブのホステスから電話がかかって気まずい思いをしているみたいだ。あの老人、おれに依存し始めているんじゃないだろうな。親密になるのはいいが、ある程度の距離感は保っていなくては、と考える東条だった。
東条「この間は、いろいろ話したくもない話をさせてしまって、すみませんでした」
老人「こちらこそ、途中でくたびれてしまって申し訳ありませんでした」
東条「それにしても、あんな時間に電話されるなんて、よっぽどお話ししたいことがあったんでしょうね」
老人「そうなんです。あの後、大分気分がよくなりまして、それで東条さんがおっしゃっていたことをもう一度よく考えてみたんです」
東条「どんなことですか?」
老人「私は人生の中で『自由』というものに飢えていましたから、使命とか人を縛るものは大嫌いなんです。ただ、それで努力をしない、『やりきらない』人生でいいとも思わないんです」
東条「そうでしょうね。息子さんも言ってたんですよね」
老人「そうです。直樹は、私が『やりきらない』のん気な親父だと思っていたんですなあ」
東条「違うんですか?」
老人「……違わないかもしれませんが。相変わらず厳しいですな。でも、私なりに一生懸命に生きているつもりなんです。考えることをやめてもいませんしのう。ただ、一つの使命にこだわるというのは、どうしても怖いんです」
東条「怖いんですか」
老人「ええ、価値観というものは時代と共に変わりますし、疑わずに信じることは怖いんです」
東条「それが自分の価値観でも?」
老人「ええ、それが自分がいいと思ったことでも、です」
東条「それは、戦争中にさんざん騙《だま》されたからなんですかね」

老人「そうかもしれません。でもそれより、私はいつも迷っていたいんだと思うんです」
東条「どっちつかずで迷っていたいんですか？」
老人「そうです。そうなるともう東条さんのおっしゃる『品格』もへったくれもないですな。はは。でも、いつも迷って答えを探して、でも決してそれは見つからない。そんな生き方が私の理想なんです。東条さんも直樹も認めてはくれないでしょうがのう」
東条「確かに答えなんていつも見つかるものではないですからね。でも、まだよくわからないな。ああ、そうだ。電話で役割がなんとか言っていましたけれど」
老人「ああ、そうでした。お仕事中に電話してしまいまして、すみませんでした。この間は嫌々東条さんに昔のことを話し始めたんですが、聞いてもらっているのがうれしくなってしまって。それで、もう少し私の昔の話を聞いてもらえたらと思いましてのう。東条さんならうまくまとめてくれますし、ちょっと重たい話ですが聞いてくれますか」
東条「お安い御用です。あなたのお話はとても面白くて勉強になります。遠慮なくどんどん話してください」
老人「実は、私は若いころに弟を亡くしているんです。これはお話ししましたかのう」
東条「ええっ、そうなんですか。聞いていませんよ」

老人「思い返すのもつらい話ですが、小学校を卒業する前に、病気で逝ってしまったんです。例の炭鉱の島にあった唯一の病院でのことです」
東条「そんなに小さい時に。それは残念でしたね」
老人「弟は私より3つ下で、いい子でした。今なら何とかなる病気だったのかもしれませんが、なにせ70年以上前のことで、医学もまだ今ほど進んでいませんでしたから、医者も弟の病気には匙を投げたわけです」
東条「島の病院ですしね。よく医者が言う、もう手の施しようがない、というやつですね」
老人「そうです。本当に何もできなかったんでしょうなあ」
東条「それはお気の毒です」
老人「弟は病院のベッドで病気と戦っていたんです。気も強くないし、体も強くないのに、本当によくがんばりました。体が辛いときは額に汗を浮かべて。私は何とかできないんだろうかと何度も神様にお願いしたもんです」
東条「わかります」
老人「もうあまり後がないときに、弟がみかんが欲しいと言ったんです。私は家にすっ飛んでみかんを一つ取ってきたんです。弟はもうみかんなんて食べられる状態ではなかったんですが、みかんを手にしてのう……」

老人はここで言葉をつまらせた。

東条「すみません、嫌なことを思い出させてしまって」

老人「いえ、私がお願いしたんですから、最後まで話します。それで、ベッドでみかんを手に取って、弟はとてもいい顔を見せてくれたんです。本人は辛いはずなのに、身も心もボロボロになりながらも一生懸命笑顔を作って私に言うんです。前にメンコで友だちから勝ち取ったマンガ本、面白いからお兄ちゃんにも貸してあげる、とかのう。元気な時よりもいろいろなことを私に話してくれるんです。そして最期に『お兄ちゃん、みかんありがとう。今まで食べたみかんの中で一番おいしかった』と少しだけ笑って。やさしい弟でしたわ」

東条の目にも熱い涙がこみ上げてきた。

東条「すみません。そういう話に弱くて。でも、弟さんは本当に毅然とされていたんですね」

老人「毅然という言葉はぴったりですなあ。それで、私はずっとわからなかったんです、なぜ弟だけがあんなに早く逝かなければならなかったのか」

東条「そうですよね。全く理不尽だと思います。神も仏もありゃしない。私が弟さんだったら、とても受け入れられません」

老人「東条さんはおっしゃってましたね。生まれたくもないのに生まれて、で、何でしたっけ」
東条「生まれたくもない時に生まれて、死にたくもない時に死なされる、そんな残酷で理不尽なものが人生だ、というやつですか？」
老人「そうそう、そうでした。でも、弟は最期に病院で私たちに笑顔を見せてそのまま逝ったんです。私はずっとあの笑顔の意味がわからなかったんです」
東条「笑顔の意味ですか」
老人「そうです。ふつうなら怖くて怖くて仕方がないはずなんですが」
東条「怖いし、辛いし、くやしいはずですね」
老人「それなのに弟は笑顔を見せてくれたんです。私は初め、あれは弟の勇気だと思ったんです。私たちに心配させないための」
東条「そうかもしれないですね」
老人「でも、最近になってやっとわかってきたんです。あれは大きな仕事をやり遂げた時の笑顔だと」
東条「仕事をやり遂げた？」

それぞれの役割

老人「東条さんは何度も大きな仕事をやり遂げてますね」
東条「ええ。一応ニューヨーク支社長でしたから、苦労も多かったです」
老人「そんな大変な苦労をして、やり遂げた時はどんな気分ですか」
東条「それは嬉しいですよ。苦労すればするほど達成感は強いし、自分が一皮むけた気がしますね。一皮むけるとまた一段上のレベルの仕事ができるような気がして、すぐにでも新しいチャレンジをしたくなるんです。ビジネスマンというのは、そうやって成長するもんだと思いますよ。『人材を育てるのは上司や教育ではなく仕事だ』なんて言いますしね。座学中心の研修なんていくら受けても成長しないけれど、難しい役割を全うした時は本当に成長した気がします。後で飲むお祝いのビールのうまさったらないです」
老人「一皮むける、成長、いい言葉ですな。やっぱり東条さんとお話しすると勉強になります。それで、その『役割』なんですが」
東条「今日のキーワードですね」

老人「ええ。お仕事で一皮むけるのとは少し違うと思いますが、弟は人生での役割を全うしたんだと思うんです。つまり、短い人生の中で一皮むけて、成長したのではないかと」
東条「役割を全う？　だって若くして亡くなったんでしょ。一皮むけたってどういうことですか」
老人「ええ……。みんなそれぞれ違った役割を持って生まれてきて、生きて、死んでいくということではないですかのう」
東条「じゃあ、弟さんの役割は……」
老人「短い人生を生きる役割を持って生まれてきたのではないかと思い当たったんです」
東条「そうとでも考えなきゃいられない、って気持ちはわかります。でも、やっぱり不運だったし、もしそれが役割だというなら、あまりに残酷だと思います。ご本人も、どうして僕だけ、って思ったんじゃないんですか」
老人「私もずっとそう思っていました。でも、弟の最期はとても穏やかで、とても『どうして？』って思っているようには見えなかったんです。とても納得して逝ったように見えました。あの笑顔は本物だったと思うんです」
東条「それはあきらめとは違うんですか？」
老人「私もそう考えました。でも、時間が経って私も老いていく中で、世界が私にその答えを伝えてくれているような気がするんです」

東条「世界が。いったいどういうことですか？」

老人「例えば、近所の公園を歩いている時です」

東条「ああ、あの井の頭公園ですか」

老人「そうです。冬の寒い日に散歩をしていると、私なんかよりもずっと年寄りの木がやっぱり厳しい寒さをしのいでいるんです。一方で、10年も生きられない鳥がいたり、アメンボなんかは1年しか生きられないですのう。蝶々の中には寿命の長いのがいるみたいですけど、それでもさなぎの時期を入れても2年足らずですなあ。蚊も1年。そんなもんです。それでもみんな一生懸命生きているんです」

東条「まあ、そうですね」

老人「だからといって、長生きする木が偉いとか尊いとか、幸福だとか言えませんね」

東条「そりゃそうですよ。それぞれの生態というものがあるし」

老人「そうですね、それぞれの役割というものがあると思うんですわ。木には木の役割があるし、蚊にも蚊の役割があるんです」

東条「蚊にも役割なんかあるんですかねえ。うざいだけですが」

老人「でも、蚊が世の中からいなくなったら困るんじゃないですかのう」
東条「まあそうですね。蚊が絶滅危惧種になったら困るのかもしれない。例えば蚊を食べるトンボがいなくなるとか」
老人「役割のない生き物なんてないんだと思うんです。蚊だって、産卵をして子孫を残すために仕方なく東条さんの血を吸っているんですから」
東条「いやですね、なんだか体中がかゆくなってきましたよ。でも、わかるような気がします。で、それが弟さんの笑顔とどんな関係があるんですか？」
老人「弟は最期に自分の役割がわかって、それをやり遂げ安心して逝ったような気がするんです」
東条「一体何をやり遂げたっていうんです？」
老人「ボロボロになって傷つきながらも、がんばっている姿を私に見せてくれたんです。そして、私や親に悲しみという試練を与えて、心を強く豊かにしてくれたんです」
東条「家族の心を強く豊かにする……自分がこの世から消えようとしている時にですか？」
老人「そうです。弟がそこまで考えたかどうかはわかりませんが、自分のためにだけがんばったのではないと思うんです。私たちがいるから、私たちのためにがんばったんだと思うんです。それが自分の全うしなければいけない役割だと感じて」

東条「自分の役割を感じたんですか？」

老人「そう思います。それは何か使命とか大義名分があったからではないんです。あんな状況でも、その時に自分が示さなければならない態度に気づいたんだと思うんです」

東条「それが役割。使命とどこが違うんですか？」

老人「使命は上とか未来から与えられて固まっているもの、役割は自分の中から湧き出て変わるもの、ですかのう」

東条「そうなんですか。でも、やっぱり不運のような気がしますが」

老人「そうですかのう。東条さんは蚊に生まれることは貧乏くじだと思いますか？」

東条「そりゃ、嫌われ者の蚊に生まれるより可愛がられる猫や犬に生まれた方が幸せでしょう」

老人「蚊はそう思うでしょうか」

東条「まあ、蚊にしてみれば大きなお世話かもしれないですね」

老人「そうですね。人間の目からすれば嫌われ者かもしれませんが、一生懸命今を生きているということでは犬も猫も、蚊も木も同じなんだと思います」

東条「今を生きる、ですか。そうですね、そう考えると比べること自体がおかしいのかもしれませんね」

老人「そうなんです。たとえ貧乏くじと言われたとしても、弟はその役割を受け入れて、自分らしい態度をとったんです。そして、私も自分の役割を受け入れているんです」

東条「態度か。具体的にあなたはどんな役割を受け入れているんです?」

老人「ふつうの、パッとしない、誰の自慢にもならないし、みっともないけれど長生きして、できることを自分なりにやって、死ぬまで一生懸命生きる、という役割があって、それを愚直に受け入れてできることをするのが私の人生に対する態度です。それが私らしい生き方なんです」

東条「それって別に……」

老人「そうです、ふつうのことです。何も特別なことはありません。当たり前のことで誰でもできることかもしれません」

東条「いやいや、そんなことはない。当たり前なんてことはないかもしれません。『誰の自慢にもならないしみっともないけれど、できることを自分なりにやって、死ぬまで一生懸命生きる』……考えてみればそんな態度を示し続けることは決して簡単なことではない。みんな人から褒められたり、人の上に立って威張ったり、競争に勝って自分だけいい思いをすることばかり考えたりして、ちっとも自分らしくなんて生きていない。それで勝負に負けてひがんだり愚痴ったり、勝って威張り散らしたり、結局周りの評価に踊らされているんですからね。まったくもって、私のことですけど」

老人「勝ち負けにこだわる役割の人もいていいと思うんです。でもそれは私の役割ではない。それに気づくまでは自分が空回りしているみたいで本当に生きづらかったんです。でも老人になってそれがわかってからは、苦労だって大抵のもんだったら受け入れられるようになったんです」

態度価値

東条「ちょっと言いにくいんですが、特攻隊の哲ちゃんでしたっけ、彼も特攻して亡くなるという役割があったというんですか？」

老人は宙を見つめた。東条はとても重いことを聞いてしまったということは重々承知していたのだが、この質問をしないわけにはいかなかった。

老人「そうですのう……確かにそういう役割だったのかもしれないんですが……。でも、この芝居には決まり事がありまして、哲ちゃんの場合はそれに違反していると思うんです」

東条「は？　芝居の決まり事？」

老人「そうです。役があるからには役者がいて、演じられる芝居があるはずですのう。でもその芝居を演じるには決まり事があるんです。それは、自分の命は自ら絶ってはいけない、それから、自分の態度は自分で決めなければいけない、という決まり事です。哲ちゃんの役割はその2つの決まり事のどちらも破っていたんですのう」

東条は混乱した自分の頭の中を整理した。老人は使命を否定し、そして人にはそれぞれ役割があると言う。そして、老人は役割と芝居の役をごっちゃにして、芝居の演技にはルールがあるのだと言う。この老人は訳のわからないメタファー（隠喩）を使うなあ……。

東条「つまり、あなたの言っている『態度』というのは、ちょうど役者の演技のようなものなんですね。役者は一人一人、それぞれ違う役を持っている。最後まで演じ続ける主役クラスもいれば、脇役もいる。早々に死んでしまう役回りもあります。いずれにしても、どう演じるかはそれぞれの役者にかかっている。うまく演技する役者もいれば、全然ダメな大根役者もいるでしょう。弟さんは出番は短かったけれど、きっとその役を演じきった、『やりきった』ということなんでしょう。でも、『お国のために命を犠牲にする』というのはルール違反なんですね。この世界は舞台。舞台に上がったからには役割を全うする。そしてこの舞台のルールを守らなくていけない。それは、人は自分らしく生きて、生き続けるという決まり事」

老人「たぶん私が言葉にできなかったのは、そういうことです。うん、そうですわ。役者は自分の役割がどんな役割でも、それを自分らしく演じきらなければならないのです」

東条「自分の役割か。そんなものがあるんですかねえ。私は自分のゴール、つまりどこに行くのか、何を達成するのかばかり気にしていましたよ。確かに自分の本当の役割と取るべき態度がわかれば、もう迷いはしないでしょうね。で、どうせ教えてはもらえないでしょうが、いったい私の役割は何なんでしょう」

老人「さあ、それは私にはわかりませんのう。でも、前に東条さんが『よろず相談』をやろうか、っておっしゃったときに私は止めましたね」

東条「ええ、そうでした。めずらしく、はっきりと『それは違うと思います』なんて言ってくれましたね」

老人「すみませんでした、偉そうに言ってしまって」

東条「いえ、はっきり言ってもらった方がいいんです」

老人「あの時言いたかったのは、東条さんには『よろず相談』なんかよりも、もっと自分らしい役割があるんじゃないかってことなんです。私にはこんな風に人様と関わるのが自分らしい役割だと思うんですが、東条さんはまた違うと思うんです。もっと素晴らしい役割が待っていると思いますがのう」

東条「それは嬉しいけど、いったい何だろうなあ」
老人「何でしょうかのう」
東条「そもそもね、私は人生が何かもわかっちゃいないんです」
老人「そうでしょうなあ」
東条「あなたでもですか?」
老人「もちろん、わかりません。ようわかりませんがのう、役割は一つではないと思うんです」
東条「ああ、使命は固まっているけれど役割は変わるって言いましたよね、たしか」
老人「そうです。たぶん、人生というのはたくさんの川を渡るようなもんだと思うんです。歩いて川を渡ると後戻りできませんよね」
東条「え? 戻ればいいだけでは?」
老人「いやいや、一度川を渡ってしまうと、戻ってもそこに流れるのは別の水です」
東条「なるほど。『帰らざる河』ですね」
老人「ええ、川を一つ渡ったらもう後戻りはできないんです。毎日その帰らざる河を渡っているようなもんです。そうやって毎日毎日後戻りのできない川を渡っているわけですから、今というときは決して戻らないということです」

東条「またすぐに新しい川を渡らなければならないですしね」

老人「そうです。次はどんな川を渡るはめになるかなんて、誰にもわからんのです。本当に理不尽な川を渡らされることもあります。それでも後戻りはできない。昔の平和な時代に戻りたいなんて思っても、そんなことは到底無理なんです」

東条「なるほど。私のニューヨーク時代は戻りませんからね、たしかに。それはこれまで何であったか、でしかないんですね」

老人「人にはそれぞれの川を渡るときに何らかの役割が課されているんだと思うんです。毎回違った役割を果たし、そして最後は三途の川を渡るんです」

東条「そんな、縁起でもない」

老人「いや、縁起とかという問題ではないんです。三途の川を前にして、どんな役割を受け入れるか。それが問題なんです」

東条「最後の川を渡るときにどんな役割を受け入れ、どんな態度を示すか」

老人「そうです。あんなに小さな弟にもできたことですからのう」

遠くを見つめる老人を前に東条もしばらく考え込んだ。

東条「まったくですね。でも、難しいな。それが『品格』なんですかね」

老人「さあのう」

東条はいろいろ文献をあたり、奥野老人が言っていたことに近いものを発見した。それは、ユダヤ人としてナチスの強制収容所で労働を強いられながら奇跡的に生還し、『夜と霧』という書物にその体験とそこからの心理学的発見をまとめたヴィクトール・フランクルの理論だった。フランクルは人が人生に意味を見出す可能性として「創造価値」（活動から得られる充足感）、「体験価値」（体験から得られる喜び）に加えて「態度価値」を挙げている。「態度価値」とは、運命の打撃や苦悩に耐える英雄的な行いや「精神の抵抗力」を指す。外面的な成功だけではなく、人生の中でどれだけ充足した瞬間を持つか、絶望や困難の淵にいてもどうやって希望を見出せるかが大切だというわけだ。シニアにとっては、考えようによっては毎日が困難だ。しかし、そこでどんな態度を示すか。これは、奥野老人が言っていたこととほぼ重なる。フランクルに強制収容所での体験があり、老人がシベリアの抑留兵だったということは、ただの偶然だろうか。

いずれにしても、東条が探り続けている「品格」とは、どうもストーリーよりも、むしろ演技、つまり人生の態度により強く関わるもののようだ。確かに老人の「品格」というのは彼の人生そのものよりも、その場その場での態度、役割を持って状況をどう受け止めるか、ということから感じられる。

老人は使命のような大義名分を嫌う。たしかにシニアにとっては大義名分よりも、日々の暮らしの中でどのように役割を受け入れ自分らしい態度を示すかのほうが現実的なのかもしれない。「日本経済への貢献」が自分の使命だなんてよく言ったものだ。自分の役割に何もわかっていないのに。

自分の役割とは何だろう。自分が示すべき態度とは？

東条はまた自室の真ん中に椅子を置き、そこに自分が座っていると想定し、その周りをぐるぐると回った。これまで東条は自分の行動、言葉や考えかたばかりに目を向けていたが、今回はそこに見られる自分の態度を念入りに観察した。

そこにいたのは、部下を引っ張る自分自身を愛し、誇りに思う東条だった。他者の話を聞くことができるようになり、部下を育てている自分に酔っている東条だった。本当に部下のことを考える前に、〝素晴らしい上司〟である自分を愛する東条、それは心のこもっていない演技で客席から失笑を買う大根役者のようだった。

最後の川を渡るときに
どんな態度を示すか

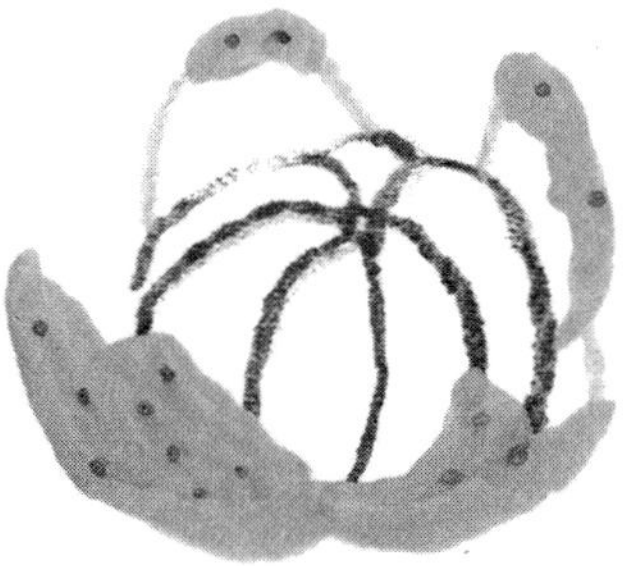

第八の対話

仲間

自分の人生を生きる

東条は、会社での自分の役割とあるべき態度について真剣に考えた。自分のシニア人材としての役割の中でも「後輩育成」が特に大切だということ、そして知識やノウハウだけでなく、人間としての成熟度も態度として示さなければならないということに今更ながら気づいたのだった。要するに、仕事力だけでなく人間力も高めなければならないということだ。

すでに、人の話を聞いたり、感情的にならないできちんと言葉のキャッチボールをしたりすることができるようになっていたが、さらに、部下や若手の育成について真摯な態度で考えるようになった。10年後もう自分はこの組織にいないだろうが、それでも残っているメンバーがしっかりと仕事を回せるよう、自分が残せるノウハウは全て残そうと意気込んでいた。

取締役になれなかったということは、もはや東条にとってどうでもいいことだった。そんなことより、若いメンバーは時代の変化をしっかりと乗り越えられるのだろうか、それだけの強さを身につけているのだろうか、そんなことばかり考えた。特に若森については、これからの会社を担う人材として徹底的に知識とビジネスマインドの伝達を進めた。

東条は自分のそんな態度に満足し、「品格」の意味もだいぶわかってきたような気がしていた。

東条「実は、若森を海外赴任に推薦したんです。私の勤めたニューヨーク支社の部長に。私は何だかんだ言っても海外本部には顔が利きますからね、きっとこれは通ると思います。あいつには絶対にいい経験になると思うんです。若森は私なんかよりもずっといいセンスをしていますし、きっとアメリカで外国人をまとめる経験をすれば、かなり苦労はするでしょうけれど、一皮も二皮も向ける経験になるでしょう」

老人「素晴らしいですね。会社の将来のためにも貴重な人材を育てることになりますなあ」

東条「会社もそうですけれど、社会にとっても大切なことです。ああいった才能のある若手人材はみんなで育てていかないと、日本、また世界の将来はないですからね」

老人「ほう、若ものさんをそんなに買っているとは知りませんでしたなあ。何だか以前と別の方と話しているみたいな」

東条「私はいろいろ言いましたけれどね、前からあいつにはすごい潜在能力があると思っていたんです。以前はそれがうらやましくて少し辛くあたりましたがね。でも、あなたといろいろ話しているうちに、だんだんそんな感情はどうでもよくなってきたんです」

老人「そうですか。素晴らしい変化ですのう」

老人「ええ、なんだかもう、あいつが成長するのを見るのが楽しみでしょうがないんですよ。さっさと大物になって会社を引っ張っているところを見せてもらいたいものです。その時は私はもっと老いぼれているでしょうけど、そんなことはどうでもいいんです。大切なのは、あいつが立派に成長することなんです。まあ、若森に限らず、若手の人材みんなに期待していますけれど」

老人「ほうほう、素晴らしい。若ものさんの成長もそうですが、東条さんが本当に素晴らしい上司になられたようですな」

東条「だから、上司じゃないんですって。私は部下なんです」

老人「そうでした。じゃあ、上司を出世させてしまったんですのう」

東条「そういうことになりますね、はは」

老人「でも、もう上とか下とか、そんなこと関係ないですな」

東条「ええ、どうでもいいことです。ははは」

老人「確かに、どうでもいいですのう。ははははは」

老人は、両手でおなかの上を押さえながら大笑いした。よほど嬉しかったのだろう。

東条「ああ、そうだ。前回の役割と態度の話ですが、すごい歴史的な人物があなたと同じようなことを言っていました。やっぱりあなたの教えというのはそういうレベルの高いものなんです。

ヴィクトール・フランクルという人がいましてね。その人はユダヤ系の精神科医で心理学者なんですがね、ナチスによって強制収容所に送られて、家族や仲間がみんな殺されてしまった中で、一人生き残ったんですよ。その人がね、人が人生に意味を見出す可能性として「創造価値」「体験価値」それから「態度価値」を挙げているんです。その「態度価値」というのは、まさに辛いことも含めた人生の局面で、どんな態度を貫くか、っていうことなんです。あなたの言っていた『態度』の話と近いですよね」

老人「なるほど、ナチスの強制収容所ですか。それはすごい人ですなあ。でも……」

東条「それだけじゃないんですよ。彼は強制収容所での体験をもとに本を出版しましてね、それが世界中でベストセラーになったんです。世界で1000万部くらい売れたんですよ。もちろん、日本でもとても高い評価をされています。迫害の体験だけではなく、そこから自分の思索を深めたんです。彼は思想家としても歴史に名を残したんです。かっこいいですよね。私は感動して、フランクルの著作を一気に3冊も読んでしまいました」

老人「3冊もですか」

東条「もともと私は本を読むのが速いんですが、この人の考え方に触れて、『これが答えだ！』と思ったんです。彼が言うには、意味が人を癒すんです」

東条にとって、フランクルの本を読んだことは大きな学びであり、学びは東条にとっての喜びだった。フランクルの著作を読み、一晩にしてフランクルは東条のヒーローになった。かつてピーター・ドラッカーという経営思想家が彼のヒーローだったように。

しかし、熱く語っている東条が滑稽に見えるほど、老人は冷めた表情で聞いていた。

老人「そのフランクさんでしたか」

東条「フランクル。ヴィクトール・フランクルです」

老人「ええ、その人の人生はすごいと思います。ナチスの迫害を生き延びたんですからのう。そして、そんな体験から自分の考えをまとめたというのも素晴らしいです。まさに英雄ですな。でも、私たちはもっとすごいかもしれません」

東条「どういうことですか？　いつも謙虚なあなたにはめずらしく大きく出ましたね」

老人「大きいとかそういうことではないんです」

東条「でも、フランクルよりすごいって言うんでしょ」

老人「そうです。その方は有名な人で世界に大きな影響を与えたんでしょうから、私なんかと比べられるようなものではありませんが。でも、思想とか、考えるという事には限界があると思うんです。その人が考えた事は偉大だったと思うんですがの、生きるってこと自体が、考える以上のものだと思うんです」

東条「考える以上のもの、ですか」

老人「そりゃ、考えることは大切です」

東条「そうでしょうとも。この『古井戸よろず相談所』ではずっと考えさせられてきたんですから。ある意味私は考える事の意味を学んできたんだと思っています。思考停止、つまり考えることを放棄しちゃいけない、ってあなたも言っていましたよね」

老人「そうでしたかのう。確かに考えることをやめてはいけないと思います。でも、私は考えることよりも大切な事があると思っています」

東条「何ですか?」

老人「続ける事ですわ」

東条「続けるって、何を?」

老人「生きる事です。どんな状況になっても生き続けることです。どう考えるかよりもまず、今を生き続けることですわ。簡単な事ではありません、歳を取ると特にのう。でも、それが一番すごいことだと思うんです。生き続けることを続ける事。それに後で誰かが意味を見出してくれるかもしれないし、馬鹿にされるかもしれない。それでも続ける事が一番すごいことだと思います。

東条さんはいろいろなことを勉強されて、高名な方の本も読まれていてすごいと思いますが、それよりもすごいのは、東条さんが今こうやって生き続けていることだと思うんです。そしてこれからも生き続けることを続ける東条さんはもっとすごいと思いますわ」

東条「生き続けることを続ける」

老人「すみません、せっかく盛り上がっていらしたのにのう。でも、私はそのフランクさんより、東条さんが今回見せてくれた大躍進に大はしゃぎしたいんです」

東条「だって、私のやっていることなんて、ちっぽけなことで、そこら中に転がっているような話じゃないですか。フランクルは１００年に１人の人物ですよ。いや、それ以上かもしれない」

老人「でもその方はもういなくて、東条さんは今ここで生き続けているんですわ。それを忘れてはいかんのです。その人の考えを勉強するのはいいことですが、その人の人生を生きることはできないんです。東条さんの今の人生を生きなければならないんです」

東条「私は、自分の人生を生きていないんですかねえ……」

一人では生きていけない？

老人「そんなことはないと思いますが、失礼ながら、少し頭でっかちな時があるかもしれませんのう。知識優先で」

東条「確かに妻にもうんざりした顔でよくそう言われます。悪いことなんですかね」

老人「いいえ、東条さんのいいところだと思います。ただフランクさんの話もいいけれど、今回東条さんのすてきな仲間になった若ものさんのことでもっと盛り上がってもいいんではないですか。今日の話は本当にすごい、若ものさんを完全に仲間にしましたね。そうやって仲間をどんどん増やしていけば、東条さんの人生はもっともっと豊かになると思うんです」

東条「仲間って、若森がですか。会社の部下、いや上司ですよ」

老人「部下でも上司でもいいんです。それだけ心が通じていればもう、仲間です」

東条「まあ、仲間と呼ぶことにしましょう。だったら何だと言うんですか」

老人「仲間が増えることは素晴らしいことです。本当の仲間を作ることは簡単なことではないですが、仲間がいるということは、人生でも一番大切なことです。気がおけない仲間が1人増えれば、人生の楽しみは倍になるようなもんだと思いますがのう」
東条「なるほど。確かに気のおけない仲間というのはいいものですよね」
老人「人は一人では生きていけませんから」
東条「……そのセリフですか。私は『人は一人で生きているんじゃない』というのも、ある意味思考停止だと思うんです。『お前は一人で生きているんじゃないんだぞ』なんてこれまで何度言われたことか。そりゃそうでしょう、他人は常にいます。でもね、何かっていうとつながりとか絆とかで結論づける人が多いですよね。私はそういう論法をずるいと思う。だって否定できないのはわかっているじゃないですか。『一人では生きていけない』って響きはいいけれど、当たり前すぎて実はあまり意味はないんじゃないですか。それでいて有無を言わさず強要する力があって、何だか気持ち悪いんですよ」
老人「なるほど。ところで、東条さんにご友人はいますか」
東条「そりゃ、私だって友人の一人や二人はいますよ」
老人「どんな人たちですか?」
東条「まあ、それぞれですが。一番仲良かった奴とは最近疎遠になっちゃいました。昔はよく一緒に旅行に行ったりしたんですけど、奴は遅い結婚をしまして、45歳だったかな。それからなかなか付き合ってくれなくなったんです」

老人「結婚をすると疎遠になってしまうものなんですか」

東条「う～ん、あいつはそれまではまったくの自由人だったんです。仕事は一応していましたけれど。頭はいいんだけどあまり計画性のない奴なんです。それでいつもぶらぶらしているばかりでね、私が連れ出してやらなくちゃならないんです。私が『今度大阪に出張に行くからそのあとの週末に一緒に食い倒れツアーでもしないか』と誘えば喜んでついてきたし、妻に却下された映画とかコンサートなんかに代わりに誘うと、やっぱり付き合ってくれたんです」

老人「便利なお友達だったんですね」

東条「まさに便利でした。それが結婚して便利でなくなった」

老人「結婚はめでたいことですが」

東条「確かにめでたいことだったのですが、私はあまり嬉しくなかったな。結婚しちゃってからは奥さんばかりかまうようになりましたしね」

老人「東条さんにも奥さんがいますがのう」

東条「もちろんそうです。でも、妻とばかり行動していても面白くないじゃないですか。たまには男友達と遊びたいし。あいつはいつも私の都合に合わせてくれましたしね」

老人「……」

老人は黙って東条を見つめた。

東条「……そうです。私は結局あいつを利用していただけだった」

老人「そうみたいですな。東条さんはいつもご友人とそんな付き合い方をしているんですか。純粋に気がおけない友人というのはいないんですか」

東条「いわゆる会社のキャリアで出世し始めてからは競争ばかりで、友人との気兼ねしない付き合いというのはあまりありませんでしたね」

老人「それはよくないですな。不健康だと思いますのう」

東条「さっきの話に戻りますけど、絆とか言っても、最後は自分ですよ。もちろんあなたに教わったように、対人関係が大切なのはよくわかっています。でもそれは、あくまでも個人がよりよく生きるためのものです。人は一人で生きているわけではない、でも、一人で生きていくぐらいの覚悟でキャリアを築かなければならない、ということもまた真実ではないですか」

完璧な宇宙の旅

老人「東条さん、宇宙船の中で、自分のために何でもしてくれる機械に囲まれて暮らしたら幸せですか。想像してくださいな。完璧な宇宙船で、一人っきりで宇宙を旅するんです」

東条「おもしろいですね。一人乗りの宇宙船で、ただただ宇宙をまっすぐ進んでいき、そこで起きる未知の体験を味わう。コンピューターが話し相手になってくれるし、地球で読めるほとんどの本が船内図書館の端末から読める。そして100年分の結構おいしい食料が保管されている」

老人「私はそんな生活は嫌ですが」

東条「どうでしょう。私は悪くないような気がします」

東条は宇宙の静寂の中を無言で突き進む宇宙船の中に一人でいる自分を想像した。結構悪くない。誰からも邪魔されず、好きなことだけやっていればいい、永遠の自由。一生お金にも人間関係にも苦労しなくていいのだ。スポーツだってジムでできるし、スカッシュぐらい練習できる場所があるだろう。健康管理だってコンピューターがやってくれる。女なんてある程度年を取ったらもういなくても生きていける。さみしかったら、昔のことを思い出せばいい。宇宙船内の図書館で本もたくさん読める。そして、自分の成長だけを考えていればいい。そのうち超人になれるかもしれない。

全くの静寂。クリーンでホコリひとつない世界。正確なデジタル音声。

しかし、それでどうなる。おれが超人になれたとして、誰がそれを知る？　おれが示す態度は誰に向かっている？　誰に影響を与える？　おれが死んだあとはどうなるんだ。誰も悲しんではくれない。悲しまれても何にもならないのはわかっているが。きっと自動葬儀システムみたいなのがあって、自動で焼却され、宇宙に捨てられるのだろう。そして、ついに誰もいなくなった宇宙船は、何事もなかったかのように宇宙旅行を続ける。半永久的に動くとされた機械だって、いつかは老朽化するだろう。やがて朽ち果て、宇宙のゴミとなる。もしかしたら、どこかの星の宇宙人に出会うかもしれない。でもそんな記録を残したり、報告をしたりする相手もすでにいない。

――そんなの嫌に決まっている。ちょと考えれば誰だってわかることじゃないか。

現実の人生は、自分を映す他者があって初めて成り立つんだ。

東条は、もし一人で宇宙船に乗ったら自分はおそらく心が折れるだろうな、と思った。

東条「私もやっぱり嫌ですね、宇宙を一人っきりで突き進むのは。生きているということを感じるには、やっぱりリアルなふれあいが必要ですね」

老人「そうですな。やはり独りぼっちでは寂しいですのう」

東条「で、あなたはどうなんですか？　やっぱり仲間はたくさんいるんでしょうね」

老人「テニスも朝の散歩もこの『よろず相談』も、仲間を作るためにやっているようなものかもしれませんのう。規律正しく運動するというのも大切ですが、仲間と一緒に何かすることの方がもっと楽しいです。『古井戸よろず相談』に来てくれる仲間も、実は逆に私を癒してくださっているんです。東条さんのように会社にいると、いろいろな人と出会えるから仲間を作る機会も多くていいですなあ」

東条「それがチャンスだなんて考えたことはなかったです。これまで社内の人材についてはずっと〝使える奴、使えない奴〟って基準で評価してきましたからね。若森にしたって、将来会社のために貢献できる奴って考えてたわけで、仲間とは考えていませんでした。でも、彼らを仲間と考えると会社が違って見えてきますね。一緒に宇宙船に乗っている仲間なんですね。一人よりだいぶ心強いですね。やっぱり船内は和気あいあいのほうがいい」

老人「そうですなあ。若ものさんは東条さんにとって、久しぶりの新しい仲間なんじゃないですか」

東条「久しぶりの仲間か」

老人「和気あいあいというのもいいですな。お互いに声をかけるだけでも大分違うと思います。私なんか、テニススクールの仲間に『いつまでも元気で長生きしてくださいね』なんて社交辞令の一言をもらうだけでも、もうちょっとがんばろうと本気で思ったりしますから」

東条「声かけ……あまりしていないな。もっとしないといけないかもしれない、朝の挨拶からでも」

老人「そうですね、会社だけでなく家庭でも」

東条「そうですね。最近はかなりマシになってきているはずなんですが。ところで、テニススクールでのあなたは知っていますけれど、奥さんともやっぱり同じように仲良くやっているんですか」

老人「もちろん、家内も私の大切な仲間の一人です。他とは別格の仲間ですのう……」

その時、老人の笑顔が一瞬固まったと思ったら、そのまま椅子から崩れ落ちた。東条は飛び上がり、老人を抱きかかえようとした。しかし老人の目は開かない。「まずい！」東条はすぐに老人を床に寝かせ、救急車を呼んだ。

老人の息がふいに止まったように感じた。

電話口で「ＡＥＤは使えますか？」と聞かれ、２か月前に会社でＡＥＤの研修を受けたことを思い出した。「たぶん」と答えると「では、近くでＡＥＤのある所を探してください。こちらからも急行しますが、時間を争うことなので、もしＡＥＤが見つかったらすぐに対処してください」と言われ、東条は老人の家の向かいが公民館のような施設で保育園も併設されていたことを思い出した。「あそこならあるかもしれない。奥野さん、少しだけ待っててくださいね」そう言って、東条は向かいの建物に飛び込んだ。

幸い、ＡＥＤはすぐに見つかった。そこにいた職員は使い方を知らなかったので、東条が自分でＡＥＤパッケージを開き、音声指示に従って老人の胸に電極パッドを貼りつけた。そのあとはＡＥＤが解析を始め「電気ショックが必要です」「ショックボタンを押してください」とのアナウンスがあった。東条が冷静にショックボタンを押すと老人の胸は大きく跳ねた。反応はなかったが、しばらくしてＡＥＤが再び「ショックボタンを押してください」とアナウンス。東条は躊躇せずにボタンを押した。２回目のショックのあと老人の呼吸が戻り、ゆっくりと瞼が上がってきた。

老人「ああ……」

東条「ダメですよ。話さないで、じっとしていてください。救急車が来ますから」

老人「いや、救急車なんて。もう大丈夫ですから……」

起き上がろうとする老人の半身を優しく抱きかかえ、東条は言った。

東条「お願いですから、このままでいてください。あなたの心臓は今止まってたんですよ。冗談じゃない、そんなこと。絶対に助けますから、そのまま動かないでください。絶対に死んじゃだめですからね。あなたは私の大事な仲間なんですから」

老人「すみませんな……」

救急隊員がその5分後に到着するまで、東条は涙を流しながらしっかりと老人を抱きかかえ続けた。

生き続けることを
続けること

第九の対話

約束

完璧な嘘

　東条の迅速かつ的確な対応のせいで奥野老人は一命をとりとめた。奥野老人は救急車の中でも意識ははっきりしていたが、1週間の入院が決まり、ひと通り精密検査を行うことになった。

　入院翌日の夕方、東条はさっそく老人のお見舞いをした。見舞い客はナースセンターにある用紙に患者名と氏名を書かなければならないのだが、東条の名前の前にすでに12人の名前が書き連ねられていた。さすがに仲間の多い老人である。その中の3人は東条も知っているテニススクールの生徒だった。病室に向かう廊下でその中の一人、神田さんという中年女性にばったり会った。

「あら、シャチョウさん。聞いたわよ、大活躍だったんですってね、さすが。本当に何でもおできなのねえ。ところで、奥野さんがひとり身だとは知りませんでした。お話からてっきりおしどり夫婦の奥さんがいらっしゃると思ってたのに。ビックリ仰天でしたねぇ。ひとりで暮らしてたって知っていたらもっといろいろお世話してあげたのに。シャチョウさんはご存じでしたの？

そう、知るわけないわよねえ。

でも本当にシャチョウさんが一緒の時でよかったわ。うちの主人だったらうろたえて何もできなかったでしょうね、ホント情けない人なんですから。ところで、さっき息子さんがいたんで聞いたんですけれどね、あまりいい状態じゃないみたいですよ。心臓のほうはシャチョウさんのおかげで助かったらしいんですけどね、他にいろいろ爆弾を抱えているみたいなのよ。それが一気に動き始めているらしくてねえ……」

神田さんは、東条にほとんど口をはさむ隙を与えず一気にしゃべり切った。人の話を聞くことを学んで久しい東条には、このような一方的な話し方は懐かしくさえあった。

奥野老人の身寄りについては神田さんの言う通り、「ビックリ仰天」だった。東条は奥野老人に妻がいないらしいということを救急車の中で知ったのだ。

救急車の中で救急隊員から家族の連絡先について聞かれた老人は、迷わずに横浜の息子、直樹の名前を伝えた。東条が「えっ、奥さんは？」と聞く前に隊員が事務的に「では、ご自宅はおひとり住まいということですか？」と聞き、老人は小さく「はい」と答えた。そして東条の顔を窺い、悲しそうに微笑んだ。東条はだまってうなずいた。

病室に入ると、老人はベッドをリクライニングして窓の外を眺めていた。鼻には酸素吸入器が差し込まれていて、顔色もよくなかった。
老人は近づく東条に気づくと怪訝そうに言った。
老人「ええっと、どちらさんでしたかな？」
東条「えっ、まさか。大丈夫ですか？　しっかりしてください。私ですよ、東条です、忘れちゃったんですか？」
老人「さあ、どちらの東条さんですかのう……」
東条はそれ以上何も言えず、ただ老人の顔を見つめた。
すると老人の顔は一気にしわくちゃになり、いつもの大笑いを始めた。
老人「はあ〜はっは。すみません、東条さん。冗談ですわ、冗談」
東条「なあんだ、勘弁してくださいよ、もう。ビックリしたなあ。でも、そんなイタズラをするくらいなんだから、だいぶ元気になったんですよね」
老人「そりゃもう、元気で元気で、ここは退屈で仕方がありません。ああ、『命の恩人』に対してこんなご挨拶は失礼千万ですな。このたびは本当にありがとうございました。命拾いしました。危うく午前2時で人生を終了してしまうところでした」
東条「お礼なんていいですから、お体大事にしてくれなきゃ困ります」

老人「ありがとうございます、本当に。それから例のウソについても堪忍してくださいな」

老人のは救急車の中と同じ、悲しい微笑みを見せた。

東条「ああ、あの事ですね。大丈夫です」

老人「すみません。あれは私の『たった一つの嘘』なんです」

東条「『たった一つの嘘』ですか。誰も知らなかったみたいですから、完璧な嘘でもあったみたいですね」

老人「申し訳ありません」

東条「いえ。でも、はじめからおひとりだと言っても何も問題はなかったと思うんですが。特別なご事情があったんでしょうか」

老人は窓の向かいの屋根に止まっている小鳥に目をやりながら静かに答えた。

老人「事情というほどのものではないんですが。こればっかりは受け入れられなかったんですわ。美代子がいなくなった時、私は本当に死のうと思ったんです。美代子は私にとって畑で、私はそこに生える草だったんです。畑がなくなったら草は生きてはおられません。もうそれでいいと覚悟したんですが、草は草でも私は雑草だったんですな。雑草はしぶといんで、道端でもコップの水でも生きながらえることができたんです。どんなにみっともなくても、しぶとく生きることができてしまったんですわ……」
東条「でも、それがあなたの老人としての品格です」
老人「美代子と一緒に死ねればよかったのかもしれませんが、まだ私にはやることが残されていたんですかのう」
東条「そうですよ。そうやって、ただ生きる、というのがあなたの品格でしょう。『生き続けることを続ける』でしょ。私に教えてくれたじゃないですか」
老人「教えたなんて。でも、まだ私には人にささやかな影響を与えるという役目が残されていたということだったんですかのう」
東条「ええ、ええ、そうですよ。それでこそあなたらしい。まだまだあなたの役割はたくさん残されているんです」
老人「そうですな、家内とも約束をしてしまったからのう」
東条「約束、ですか」
老人「ええ、家内と約束をしたんです」
東条「どんな約束ですか?」
老人「もう長くないとわかっている時に、美代子が私に言ったんです。『ひとつ約束をして。私がいなくなったら、あなたはひどく悲しむでしょう。あなたは強い人じゃないから。でも、よくいる男の人みたいに、妻がいなくなって1年後に後を追うように……、というのはやめてくださいね』と」

東条「確かによく聞きます。妻は夫がいなくなってもかえって元気になる人もいるけれど、夫は妻を失うと生きていけなくて、後を追うように逝ってしまうことも多いって」

老人「そうなんです。美代子はわかっていたんです、私がひとりで生きていくことなんてできないことを。『お願い、私はあっちでしばらくひとりで楽しみたい。ずっと一緒でしたからね。だからあなたも、悲しんでいる自分に酔っていないで、元気に暮らして。私以外にもいろんな人やモノがあなたの周りにはいるでしょう。みんな素晴らしいのよ。元気で、生きられるだけ楽しく生きて。人生時計で明日の朝まで生きて。その間私はあちらでずっと楽しんでいますからね。100歳くらいになって、もう本当にだめだってときは、お迎えしますから。約束してくださいね』と」

東条「そうでしたか。素晴らしい奥さんだ」

老人「それでも、家内が逝ったとき、私はとてもそんな約束は果たせないと思ったんです。そんな時に、庭で子猫が迷子になっているのを見つけましてね。きっと家内が送り込んできたんです。

その子猫を拾いまして、家内と同じ名前を付けたんです」

東条「じゃ、ミヨっていうのは」

老人「そう、家内の名前、美代子からとりました」

東条「そうだったんですね」

老人「家内との約束を守るのはむつかしいと思っていたんです。根が弱い私には私を受け入れて何でも話を聞いてくれる美代子が必要だったんです。それをこの子にお願いすることにしたんです。そしたら、この子が生きているうちは元気でいられるような自信ができまして、がんばれるようになったんです。それから家内はもうひとつ私に約束をさせたんです。『大切なお友だちや私との思い出を忘れたりしないでね。病気なら仕方がないけれど、規則正しく生活していつも頭を使っていれば〝年寄りの物忘れ〟も逃げていくはずよ。がんばってね』そう言ったんです」

東条「だからみなさんの手伝いを受けないよう、ひとり身であることを明かさず、規則正しく生きて、読書やスポーツをしているんですね」

老人「ばれましたな。これは品格でも何でもない、家内との約束だけなんです」

東条「あなたは自由なだけじゃない。どうもしっくり来なかったんですが、これでわかりました。あなたには奥さんとの約束を守るというしっかりとした軸があったということがわかりました。

これがあなたの『品格』の一番の秘密だったんですね」

後悔が人を成長させる

老人「それにしても東条さん、死にぞこないの私のためなんかに、こんなに良くしてくださって……」

東条「死にぞこないなんてやめてくださいよ、あなたらしくない。まだまだがんばってもらわなくちゃ困るんですから」

老人「東条さんは本当に優しい方ですなあ。お父さんもこうやって看取られたんですか」

東条「私はあなたを看取っているわけじゃないですよ、縁起でもない」

老人「そうでした」

東条「親父に関しては私はとんだ親不孝者なんです。実は親父が他界する時、私はとても忙しくて死に目に会えなかったんです。ちょうど海外に行ってまして」

老人「それは残念でしたなあ」

東条「それだけじゃないんです。その場にいられなかったのはまあ仕方がないかもしれない。でもね、私はその時、病気になった親父を迷惑がっていたんですよ。こんなに忙しい時に病気なんかになりやがって、いい迷惑だって」

老人「気持ちはわかりますがのう」

東条「今でも忘れません。ちょうど仕事が一段落して暇な一週間があって、その間にうまい具合に逝ってくれないか、なんて思ったんです。そしたら、親父は私の希望通りに逝ってくれたんです。自分の親にとっとと死んでくれなんて思った自分に驚きました。そんなひどい息子はいませんよね」

老人「そうですかのう」

東条「それで、その事を思い出すといつも考えるんです。私は一体何を大切にしているのか、と。自分の人生で大切なものは何なのか、とね」

老人「何ですか?」

東条「まずは命ですかね。自分の命、そして家族の、友人の。あとは健康、仕事、家族、友人、お金、あとは家とか車とかが次に来ますね」

老人「では、今失って、一番困るものは何でしょうか」

東条「今失って困るもの……そうですねえ」

東条は自分の大切なものひとつひとつを失うことを想像してみた。自分が死ぬこと、当然これが最悪の事態だ。そして、病気になること、会社をクビになること、家族を失うこと、友人を失うこと……。驚いたことに、自分の命が尽きることの恐怖を感じることはできたが、妻や家族を失うことはとても想像する勇気が湧かなかった。

東条「無理です。家族を失うことなんか想像できません。そんなのは、辛すぎる。わかりました。自分の命は大切だけれど、それを失ったときに自分はいないんですよね。だから、困るという意味では、家族を失うのが一番困ります。困るなんてもんじゃありません。妻を失ったら多分生きていけないでしょう。ああ、あなたはそんな目に遭ったんですね」

老人「まあ、仕方がなかったですが」

東条「親父だって私にとっては同じように大切だったんです。なのに、親父が死にそうだってときに仕事でカリカリしていたんですよ、私は」

老人「それは仕方ないことだと思いますのう。人の最期は寄り添いきれるものではないんです。私も何人もの最期を見てきましたが、本気でその人の気持ちに感情移入をしては、とてもこちらの命が持ちません」

東条「こちらが死んでしまうということですか」

老人「中原中也の詩に、『愛するものが死んだ時には、自殺しなければならない……』というのがあるんです。これを読んだ時、そうだ、と思いました。いろんな理屈をこねても、本当に愛しているのなら自分だけのうのうと生きていることはできないはずだと」
東条「恋愛小説にはありそうですけどね。恋人の後を追うという純愛モノ」
老人「でもそんなことしていたら、ひとりの人が死んだ時点で、人類滅亡ですのう」
東条「ははは、確かにそうですね。そして愛なき世界が残る」
老人「ですから、人は生きるために、死にゆく人と一線を引かなければならないんです」
東条「一線を引く、ですか」
老人「そうです。その人の身代わりにはなってあげられないし、自分が状況を変えてあげることもできないとしたら、いくら感情移入しても何にもならないんです」
東条「自己満足に過ぎないと?」
老人「自己満足ではないと思いますが。その気持ちは本物ですし、それは本人にも伝わると思います。でも、逝く人も一線を引かれることを受け入れるしかないんだと思います。一緒に連れていくことはできませんから。歳をとってきたらそういう覚悟が必要なんだと思うんです。覚悟ができている人にとっては、周りからの過度の感情移入よりも未来に向けて元気に生きてもらったほうがありがたいのではないですかなあ」
東条「……そうかもしれませんね」
老人「人生は残酷で……」
東条「理不尽なものですからね」
老人「そうですな」
東条「あっ、すみません。ついまた『よろず相談』が始まってしまいましたね」
老人「いえ、構いません。私も楽しいですから」
東条「それならいいですが」
老人「まあ、お父さんの時はお仕事が大切で、今こうやって振り返っているのだから、お父さんもわかってくれるのではないですか」
東条「でも、親父はもういないんです。生きている間に何をしてあげられるかが大切だったのに、その機会をふいにしたんです。それがいつも悔やまれます」
老人「人生には後悔がつきものですから。東条さんばかりじゃないですわ。他にどんなことに悔やんでいますか?」
東条「それはたくさんあります。思い返して、何であんなことしたんだって、叫びたくなることがいくつもあります。例えば、高校の時すごく好きだったクラスの女の子と部活の先輩の仲をとりもったこととか。いいヤツのふりをしたかったのか……。ああ、思い出すと今でも叫びたくなってきます。なんであんな馬鹿なことを。そういえば、親父のことはそういった後悔とは違いますね。後悔するべきことではないのかもしれない」

老人「ほう、後悔ではなく何でしょう」

今考えると、仕事をすべてに優先していた自分は愚かだと思う。もしやり直せるのなら、仕事を優先しないで、しっかり父親の最期の時間をともに過ごしたい、と思う。

東条「そうですね、後悔ではなく、レッスン、つまり成長のための学びだったのかもしれません。人は失敗をすることによってしか本当の成長ができないものなのかもしれません。弟さんと同じように、親父も私にこのレッスンを遺してくれたんだと思います」

老人「いいですね」

東条「こうやって話しているうちに、少しわかってきたような気がするんですが、親父は価値観のバランスについて教えてくれたのかもしれないと思います」

老人「ほう、それは一体何でしょう」

東条「つまり、あの時私は仕事を何よりも優先していたんです。そういう時期だったんですよね。

そして、他の事に対してまったく目を向けていなかった。親父だけじゃなく、妻や子どもの教育、そういった仕事以外の全てに本気で向き合っていなかったんです。親父のことがなければそんな時期があったことも忘れてしまうかもしれません。でも親父の最期に会えなかったことがあるから、その頃の自分の愚かさは決して忘れられないんです。だからこそ、これからの人生をもっと豊かにできるのかもしれません」

老人「素晴らしい。さすが東条さんですなあ」

東条「いや、こういった視点を転換する考え方もあなたが教えてくれたんですよ」

老人「いやいや、私は何も教えていませんがのう」

知性としての「品格」

東条「それにしても、あなたからは『品格』についていろいろなことを学びました」

老人「私は品格なんてもの、持っていませんよ」

東条「いえいえ、あなたが認めなくても、私は十分に学ばせてもらいました。まだまだですが」

老人「一体何を手にされたんでしょう」

東条「ですから、自分を受け入れることとか、自分の役割を知るとか、他者の気持ちになるとか、仲間を作るとか、成長とかいろいろですよ。まあ、品格の定義は人それぞれでしょうけど」

老人「私にはよくわかりません。何だか、いろいろ知識を身につけただけのように聞こえるんですが」

東条「まさにそうです。私は品格とは知性だと思うんです。知性という武器を身につけて、これから人間力をより高めていこうと思っているんです」

老人「そういう風に考えるところは、東条さんの素晴らしさではあると思うんですが、品格は知性なんですかのう」

東条「違うんですか？」

老人「私には品格が何かは説明できませんが、もし『シニアの品格』というものがあるとしたら、それはもっと自分から関心が離れていくものだと思うんです」

東条「自分から離れる？」

老人「自分を高めようというのはいいことですが、それは自分のためで、自分の力を高めようとしているように見えますなあ」

東条「その通りです。何が悪いんですか」

老人「悪くはありません。ただ、品格が高いと感じる人はみな、あまり自分には関心がなくて、一人では何もできなくて、存在感も薄くて、でも仲間や家族と一緒だと何やらいい場を作る人なんです。だいたい、何も持っていない人が多いんですがのう」
東条「それ、あなたのことですね」
老人「ほほ、失礼。ただ、知性なんていうと自分の能力ばかりに目が向きすぎているように思いましてのう。私はやっぱり、大切なのは知性より、姿勢とかまなざしだと思うんです」
東条「姿勢とかまなざし……。これはまた難しいことを言いますね。いったいどういう意味ですか」
老人「いろいろな知識とか理屈とかの間にはすきまがあって。そこには霧が横たわっているんですわ。その空気に目を向けたり耳を澄ませたりすることではないかと思うんです。人との関係でも、理屈ではなく理屈のすきまにある霧があって、そこに大切な言葉や音が隠れていると思うんです。それは考えて身につくものではなくて、心を静かにしてそこに注意すればいいと思うんです。ですから、あまり考えすぎるとかえってその品格とやらが目減りしてしまうんではないですかのう。そもそも品格が何かなんて考える必要はないんじゃないですか」
東条「知性ではなく感性ということですかね。なるほど。で、『シニアの品格』なんかを身につけようとすること自体が品格がない、ということでしょうか」

老人「いえいえ、私はそんなことを言えるような立場ではないです。一生懸命自分を高めようとしているのは、東条さんならではで素晴らしいと思いますが、ただ老人になると知識をたくさん持っていてものう……」

東条「でも、あなたは何歳になっても好奇心を失わず、自分を高めようと努力をしているじゃないですか」

老人「自分を高めようと努力しているわけではないんです。私の場合はただ単純に、世界とのつながりを楽しんでいるだけで、自分を高めるというよりも、ただ、生きて楽しむということだけなんです」

東条「『シニアの品格』を目指してはいけないとしたら、じゃあ、いったい、私はどうすればいいんですか」

新しい自分の始まり

老人「何度も言いましたがのう、生きればいいんです、これまで通り。その中で自分を変えなければいけないと思うところがあれば悪あがきをすればいいし、気にならないことは気にしなければいいのではないでしょうか。『シニアの品格』なんてものを目指さなくてもいいし、ましてや私の真似なんかしちゃいけません。ただ生きるということも、決して楽なことではないですからのう」

東条「でも、ありのままでいいんだったら楽でしょう」

老人「ありのままを受け入れることは、老人にとって決して楽なことではないんです。老人になるということは、ある意味、絶望することでもあるんですから」

東条「絶望、ですか？」

老人「そりゃそうです。体力も下り坂のみ、若返ることなんかあり得ませんし、元気になったり頭が良くなったり、上向きなことはほとんど期待できませんから」

東条「でも、人生時間を考えればまだまだ、だと」

老人「そうです。まだまだ、ではありますのう。そして諦める必要もありません。でも、やっぱりいつもそこに絶望はあるんです」

東条「そうなんですか。何か今までと話が違うような……」

老人「そうですか。家内のこと以外ではウソをついたつもりはないんですがのう。絶望というのはしかし、それほど悪いものとも限らんのです」
東条「絶望は最悪だから絶望なんじゃないんですか？」
老人「まあ、そうですけれど、絶望の中にいるから、ちょっとしたいいことに喜べたりするんです。シベリアにいた時なんて、毎日が絶望でしたが、ちょっとしたこと、例えば倉庫にジャガイモがたくさん入ってきたから食事のイモが増えるかもしれない、とか、これからあったかくなればもう凍傷にならなくて済む、とか、しょうもないことでそこに希望を見出せたんです。そんなときは、お恥ずかしながら宴会でもしたい気分で、仲間と盛り上がったんです」
東条「その程度で宴会ですか」
老人「バカですなあ。でも、絶望しているときは、みんなちょっとした希望でシアワセな気分になるんです。孫の名前を間違えなくなったとか、テニスでコーチにお世辞で褒められたとか、庭に猫がよく遊びに来るようになったとか、です。絶望のすきまにたくさん楽しみが隠れているんです。それを感じられるかどうかですのう」
東条「なるほど」
老人「ですけれど、そんな自分を受け入れられない老人も多いです。こんなことで喜ぶなんて情けない、とか、自分はもっと大きな喜びを持っていたのだから、こんなことはつまらないことだ、とか考えるんですな。老人の仲間内にもそういう人がいます」

東条「この私がそうでしたね。10億円の商談を決めて祝杯をあげていた人が、テニスのコーチに褒められて大喜びするなんて、ちょっと茶番にしか見えなかったです」

老人「そうですか。受け入れて隙間の楽しみを見つければ楽なんですが」

東条「でも、受け入れたらそれで終わりという気持ちもあるんですよ」

老人「何の終わりですか」

東条「自分の……何でしょう……プライドですかね。ああ、またプライドか。いつもの私のパターンだ」

老人「私は、始まりだと思うんですわ」

東条「始まり？　何の？」

老人「新しい自分のです。新しい老人としての自分の始まりで、それも捨てたもんじゃない。100万円は稼げなくても、ちょっとした幸せに喜べるという体質を身につけることができるんです」

東条「ちょっとしたことに喜べる体質か。そんな才能があったら幸せなのかな」

老人「老人に限らず、そんな才能は人を幸せにするのではないですかのう」

東条「老人に限らず」

老人「はい、東条さんもです」

東条「小さい幸せに喜べる体質か。どうやって身につければいいんでしょう」

老人は顎に手をやり、しばらく考えた。

老人「そうだ、日記をつければいいですわ」

東条「日記？」

老人「東条さんは日記をつけていらっしゃいますか？」

東条「いえ。根が面倒くさがり屋なもので」

老人「毎日、その日にあったいいことを5つ書くんですわ。面倒くさければ3つでもいいかもしれません」

東条「毎日3つもいいことなんてないです」

老人「ありますよ。小さなことでいいんです。きれいな色の鳥を見たとか、電車で席に座れた、でもいいんです。私の日記には、その日に見た子どもの笑顔とか、よい天気とか、ミヨの柔らかいお腹とか、そんなのばっかりです。あと、最近は東条さんに教わった、ためになるお話もありますが」

東条「なるほど、何か結果を出したものでなくてもいいんですね。それならできるかもしれません。それで変わるんですかね」

老人「とにかくやってくださらんかな。これは約束です。これから毎日続けてください」

東条「はい、わかりました。今日さっそく高いノートを買って帰ります。モノをそろえるとやめられなくなる性質でして」

老人「それはいいですな。さて、私はちょっと疲れてしまいました。そろそろ休ませてもらいます」

東条「ああ、すみません、長々と話してしまいまして」

老人「いえ、こちらこそ」

老人「あ、お帰りになる前に一つお願いをしてもいいですか」

東条「ええ、何でも言ってください」

老人「その、今度一度東条さんのベンツに乗せてもらえませんでしょうか。ずっと憧れていたんです。いつもベンツに乗って颯爽と帰っていかれる東条さんを見てかっこいい、と思っていたんです」

東条「お安い御用です。いつにしましょうか。今日はもうお疲れのようだし、外出許可をもらって明日にしましょうか」

老人「そうですな。早い方がいいので、明日でお願いしましょうか。……あ、もうひとつ大切なお願いが」

東条「はい、何なりと」

老人「うちのミヨを引き取ってもらえませんでしょうか」

東条「ミヨって、猫の？」

老人「そうです。直樹は猫アレルギーでして。今はご近所さんに毎日エサやりをしてもらってますが、ずっとお願いはできませんし。それにいよいよ私は本物の美代子に会いに行くことになりそうですから」

東条「そんなこと言わないでくださいよ」

老人「実は、うちは、と言っても借家ですが、国道建設予定地の上に建っていまして、きっと私がいなくなったら、あの家はすぐ壊されると思うんです。猫は人ではなく家につくといいますから、ミヨが一番困るんです。大好きな庭の爪とぎもなくなってしまうでしょうからのう」

東条「ああ、あの松の木の根元ですね。あれはミヨちゃんの爪とぎあとだったんですね」

老人「そうです。あれがあるから引っ越したくなかったんです」

東条「そうだったんですか。でも、まだまだ可愛がってあげてくださいよ。私だって明日どうなっているかわからないですからね。でも、万が一奥野さんが面倒を見られなくなったら、私が何とかします。知子も猫は大好きですから」

本当は、知子が猫好きだなんて話は聞いたことがない。でも、とにかくあの猫は自分が何とかしてあげなければならない、と東条は思った。

老人「ああ、それはよかった。もう東条さんには警戒しなくなってますから、すぐに捕まえられると思います。本当に何から何まで、ありがとうございます」

東条「いえ、こちらこそ。感謝しています。あなたに、あなたと出会った縁に。実は、最初あなたの家に着く前に何度も引き返そうと思ったんです。今考えると怖ろしいですよ」

老人「怖ろしい？」

東条「ええ、もしあなたに会えなくて、あなたにいろいろ話を聞いてもらえなかった人生を生きるとしたら、それは悲惨な人生になったような気がします」

老人「そんなことはないです。私なんかいなくたって、東条さんは立派に生きていけました」

東条「いや、不思議ですが、私はもはやあなたのいない人生なんて想像できないんです」

老人「いやいや、それは奥さんに言ってくださいな」

東条「ああ、そうですね。まるで恋人同士みたいな言い方でしたね。奥野さんは私の仲間です。でも、本当に感謝しています」

老人「こちらこそですわ」

東条「ははは、これではいつまでも終わりませんね」

老人「ほほほ、そうですな。東条さん、もしあの世があるとしたら、そこから必ず見守っていますす。もしないとしたら……とにかく自由に生き続けてください」

東条「そんな言い方やめてくださいよ、奥野さん。またいろいろ教えて、いや質問してくださ
い」

老人「はい、はい」

「品格」があるとすれば、
自分から関心が
離れていくこと

第十の対話

品格

東条は翌日、奥野老人をベンツに乗せるという約束を果たした。車いすから後部座席に乗せようとすると老人は「ああ、前でお願いできますか」と言った。東条は「もちろんです」と言いながら老人を抱えて助手席に乗せたが、思った以上にその体は軽く小さかった。

老人はベンツの乗り心地、静かさ、速さを絶賛し、また顔をしわくちゃにしながら30分間のドライブを子どものような笑顔で楽しんだ。「お忙しいのにすみません。でも、本当に楽しかった。ありがとうございました」老人は別れ際にそう言って、深々と頭を下げた。

奥野老人の息子・直樹から電話がかかったのはそれから2週間後だった。東条は直樹との短い会話が悪い夢の中の出来事のようにしか感じられなかった。

「やっとこれから仲間としていろいろ話し合えると思っていたのに……」

全身から力が抜け、何のやる気も起きないまま会社の廊下を歩いている時、若森から声をかけられた。

若森「東条さん、ちょっと聞いてくださいよ。例の中西さんの件なんですが」

東条「ああ、あの部長が気にしている子か。おれは今それどころじゃないんだがな……」

若森「そうですか。じゃあ、また今度にします」

東条「いや、いいよ。ごめん、話してくれ」
脱力していた東条だったが、一度仕事モードのスイッチが入ると前向きになるのは長年鍛えてきた才能だ。
若森「すみません。彼女、去年派遣から正社員になったじゃないですか。あれが大失敗だったんですよ。僕ははじめから反対だったんですけど」
東条「まあ、あの時は会社全体が派遣社員を減らして正社員にするという流れがあったからな。世間的にもそれが必要だったんだよ」
若森「それはわかってますけど、それにしても彼女はひどいです」
東条「どんな調子なんだ」
若森「朝はほとんど遅刻です」
東条「理由は?」
若森「彼女は9時ギリギリに着く電車に乗ってくるんですけれど、朝って多少は遅延するもんだし、いろいろあるじゃないですか」
東条「そうだな」
若森「それは電車のせいだってことで、遅れてくるんですよ」

東条「それを見込んで少し早く出るってことはしないんだな」
若森「そうなんです。５分でも早い電車に乗ってくれれば何とかなるんでしょうけれど。９時にいることはまずありません。早くて５分遅れ、あとはその日の混雑次第で30分以内に到着ってわけです。毎日『電車が遅れちゃって～』ってしゃあしゃあと言うんですよ。もうクビですよね」
東条「さあ、どうかな。本人にはどう伝えてあるんだ」
若森「もう何度も話しているし、部長からも契約社員に戻って午後だけの勤務にしたらどうかって提案もしてもらったんですよ」
東条「で？」
若森「収入が減るから困るって。反省する前に自分の都合ばかり。どうしたらいいでしょう？」
東条「さあなあ、どうすればいいんだろうなあ」
若森「東条さん、なんかいいアイデア教えてくださいよ」
東条「そうだなあ。どうするかなあ」
若森「困りますよ。それじゃあ」
東条「中西さんはどう考えているんだと思う？」
若森「えっ？」

東条「いや、彼女の立場になってみるってことだよ。彼女もばかじゃないんだからこうやって言われてることはわかっているだろう。それをどう考えているのかってことだ」
若森「彼女とは何回かランチしましたし、飲みにも行きました。会社の向かいの居酒屋ですけどね。そんな時はよくしゃべるし普通の子なんですよ。いろいろ身の上話をしてきまして、僕はただ旦那の愚痴なんかを聞かされるだけなんですけどね。で、次の日になると『飲んだ時の若森さん、優しいから好き♡』なんてメール送ってくるんです」
東条「おいおい、それはまずいんじゃないのか」
若森「いや、大丈夫です。僕は彼女のこと女だと意識してませんから」
東条「でも、あっちがどう思っているかはわからんだろ。気をつけなくちゃだめだぞ。おれはニューヨークでひどい目にあってるんだからな」
若森「ああ、例のセクハラ事件ですね。気をつけます」
東条「うん。それで、どんな身の上話をするんだ」
若森「ええ、彼女の家庭もいろいろ複雑でしてね。もともとお嬢さん育ちなんですが、親父さんの事業の失敗か何かで没落したみたいなんです」
東条「没落、斜陽族ってことか」

若森「で、今の旦那と結婚したんですが、これがまたギャンブル好きで大変らしい」
東条「ほう、それは大変だ。女は父親と似た男に惹かれることが多いらしいからな」
若森「でも、お嬢様としてのプライドはそのままなんで、服もブランドものしか着ないし、人に対して謝るとか、反省するとか、絶対にしないんです」
東条「本人はどう感じているんだろうな」

若森は左手であごをなでた。これが若森の何か真剣に考えるときのポーズだ。最近東条との会話の中でよくこのポーズを見せるようになった。

若森「……まあ、怖いんでしょうね」
東条「怖い？」
若森「ええ、人とか世の中とかが信用できなくて、自分の非を認めたりすると足をすくわれると思うんじゃないでしょうか。そもそも自分に自信がないんですよ。何かそんな気がしてきました」
東条「なるほど。君はそう思うわけだ」
若森「ある意味、かわいそうな気もします。今じゃ、自分の両親も二人の稼ぎに依存してきてるって言ってたし、なんか、自分の価値観がどんどん崩壊しているんじゃないでしょうか」
東条「価値観か」

若森「そうです。お嬢さんとして築いてきた価値観です。それがもう価値のないものになってきているんです、きっと」
東条「自分の価値観に価値が感じられなくなる。それではもう価値観ではないな」
若森「ええ。それは辛いでしょうね」
東条「どうしたらいいと思う?」
若森「そうですねえ……」
東条「君の役割は何だろうな」
若森「僕の役割ですか」
東条「そう、マネジャーとして、問題のある部下に対してするべきことは何だろうな」
若森はまた考えるポーズをした。
若森「そうですね、まずは部署の目的をよく伝えて、本人のベクトルと合わせるってことですか」
東条「中西さんとは部の目的についてしっかり話しているのか」
若森「いや、勤怠の話ばかりで、まだそこまでは話せていません」
東条「そうか、あと若森君にはどんな責任があるんだろうな」
若森「あとは、本人の能力を理解して、それを伸ばすことです」

東条「そっちはできているのか？」
若森「いや、それもまだです」
東条「彼女の強みは何だろう」
若森「強みですか……。勤怠はいい加減だけれど、その他は意外に几帳面です。数字のチェックなんかはかなり厳しくやってます」
東条「そうか、そういう人だから遅刻する自分が許せないのかもな」
若森「ああ、確かに飲んだ時にそんなことを言っていました。本気で考えると自己嫌悪に陥るからあまり自分のことは考えないようにしているって。そのときは、なんて楽天的なんだって思いましたけれど。そうか、しっかりしていない自分に気づくのが怖くて自分のダメなところを反省しないようになっちゃったんですね。それで悪循環に」
東条「そうか。他に強みは？」
若森「困っている人を助けるのは厭わないですね。おせっかいする前に自分のことを何とかしろよって思うんですけど。でも、彼女に助けられたり励まされたりした人は結構いると思います」
東条「なんだ、結構優秀な人材じゃないか」
若森「ええ、まあ、そうかもしれませんね」

東条「で、どうやって伸ばせると思う？　その強み」
若森「社員意識調査のフォローとかやらせるといいかもしれません。フリーコメントでいろいろ書いてきた社員がいるんで、そのケアとか。あと、皮肉だけれど、社員の勤怠状況をまとめるんてのも実は向いているかもしれない。あれは面倒くさくて誰もやりたがらないんですが、几帳面な彼女ならイヤじゃないかもしれません。チェックするのは得意だって言ってましたし。でも本人の勤怠がひどいのに大丈夫かな」
東条「そうだなあ。人の勤怠をチェックして、自分のことを省みるかもしれないな」
若森「そうですよね。それはいいかもしれない。直接何度も言っているんだし、あとは自分で乗り越えてもらうしかないですよね」
東条「うん、そういうことだと思うよ」
若森「東条さん、これが人を育成するってことなんですかね。すごいな、やっぱり」
東条「何が？」
若森「いや、東条さんですよ。あれこれ指示しないで僕に考えさせてくれた」
東条「普通じゃないのかね」
若森「いやいや、そんな人めったにいませんよ。さすがにグローバルで鍛えてきた東条さんならではだと思います」

東条「グローバル？」

若森「ええ。日本のサラリーマン上司って、自分で答えを持っていてそれを下に押し付けることが多いんです。でもきっと東条さんはニューヨークで、そんなのは通用しない世界で鍛えられて、それでこんな魔法みたいな能力を築かれたんだと思います。本当尊敬です。正直、帰国されてここに着任された時は東条さんも他の日本の上司と変わらないという印象があったんです。でも、一緒にお仕事をする中でどんどんそのすごさがわかってきました。まるで東条さんが変化しているようにも見えましたが、隠された能力を少しずつ発揮されていたんでしょうね。私もニューヨークに行ったら東条さんみたいなコミュニケーション力を身につけたいと思っているんです」

東条「ニューヨークのオフィスにはいろいろな人たちがいるからコミュニケーションについてはだいぶ鍛えられるだろうな。でも、君こそかなり変わったと思うよ。おれが帰国したばかりの頃は文句ばかり言って、やたらとおれに楯突いてくる青二才といった印象だった。今でも十分に生意気だけれど」

若森「はは、すみません」

東条「いや、謝るのはこっちだよ。『これまでは何であったか、これからは何であり得るか』だな……」

若森「はい？」

東条「いや、でも君はいつも本気で仕事をしているからなあ、だからこその生意気さだよな。はじめはただ反抗しているみたいだったけど」

若森「そんなつもりはなかったんです。でも、初めてお会いした頃は少し怖いと感じてました。だから僕も負けないように気張って見せていたのかもしれません。今だから言いますけど、当時は東条さんのことを低く評価している奴もいたんです。過去の話ですけれど東条さんを『使い物にならないお荷物』だって言ってた奴もいました」

東条のそれまでの余裕に満ちた表情が固まった。

東条「えっ、それを言ったのは君だろう。おれは知ってるんだぞ」

若森「違いますよ。僕はそんなこと言っていないし、思ってもいませんでした。伊藤ですよ。あいつは辞める間際には会社や上司の悪口ばかり言いふらしていましたからね」

東条「伊藤。あの辞めた奴か。でも、君がトイレで言っていたじゃないか」

若森「トイレ？」

東条「いや、何でもない。君はそうは思っていなかったのか」

若森「当たり前じゃないですか。前ニューヨーク支社長の東条さんと一緒に仕事をできるんだから、いろいろな事を学べると期待してました」
東条「そうだったのか。そんな風に思っていたのか」
若森「ええ。まあ正直はじめの1、2か月はなかなか東条さんらしいすごさが見えないので、失礼ながら陰で少しナメたことを言ったりしていた時期もありました。でも、じきにそのすごさに驚くようになったんです。みんな言っていますよ、東条さんの『聞く力』は魔法みたいだって」
東条「思い込みか……」
若森「思い込み？　はじめはそうだったかもしれません。東条さんはすごいって思い込み。でもそれがだんだん証明されていく過程はなかなか圧巻でした。能ある鷹は爪を隠すって、みんな本当にいい勉強になったと思います」
東条「いや、そうじゃなくて。おれの思い込みだよ」
若森「はい？」
東条「いや、何でもない。そうか、それはよかった。悪い、おれもう行かなくちゃ」
若森「あ、はい。すみませんでした。お忙しいのにお時間取ってしまいまして」
東条「いや、じゃあ、またあとでな」

若森「はい、ありがとうございました」

東条はとにかく誰の目も届かないところに行こうとして、あのトイレの個室にたどりついた。奥から3番目の、若森ではなく辞めた伊藤が東条のことを『使い物にならないお荷物』と愚痴っているのを聞いた、あの個室だ。

「伊藤だったのか。何も仕事をしないで、ただ愚痴ばっかり言って辞めていったあいつの言葉なんてどうでもよかったのにな。おれは大ばか者だな。とんだ思い込みだ。ねえ、奥野さん……」

東条は外に聞こえないようにすすり泣きをした。

「でも、すごいなあ。今日はあなたの悲しい知らせがあった日だっていうのに、日記にたくさん書くことがあるじゃないか。奥野さん、本当にすごいなあ」

小さく泣き笑いをしたあと、今度は思いっきり声を上げて泣いた。

これまでは何であったか、
これからは何であり得るか

エピローグ

未来

それから、15年と3か月が経った4月のある日、東条は青い空のもと井の頭公園を妻・知子と手をつなぎながら歩いていた。あれから色々なことがあった。知子が病気を患い手術をした。同じころ、株式投資がうまくいかず品川のマンションを思い切って売却し、井の頭公園の近くに引っ越してきた。この場所を選んだのはもちろん奥野老人の思い出があるからだ。75歳になった東条自身は大きな病気はしていないが、年相応に老化は進んでいる。

健康のため、天気のいい日は、幸い完治した知子と井の頭公園を散歩している。遠くで、若者がサキソフォンの練習をしている。ジャズの定番ナンバーだが、曲名を思い出せない。若いころはミュージシャン気取りだったこともある東条だが、物忘れも年相応のようだ。

しかし、この公園を歩いて奥野老人のことを思い出さない日はない。また、気がつくと、空や、雲や、樹木、あるいは小枝に憩う鳥などに話しかけている。

——奥野さん、退職したあと会社は冷たいもんでした。でもそんなことまったくかまわない。会社には会社の目標があって、かつての私にはそこに小さな役割があったけれど、今はもうない。今の私にあるのは、もっと大切な人生の役割だけです。

退職後は幸運にも大学で非常勤講師の仕事をお願いされまして、しばらく週1回「商業英語」

を教えていました。給料はボランティア並みでしたが、私らしい恩返しだと思っています。それに、学生っていいもんですね。私は結構教えるのが好きみたいです。何でもっと早く気づかなかったんでしょうね——

葉桜になった枝が風に揺れている。かすかに残った桜の花びらを見て知子が「ああ、きれい」とつぶやく。

——奥野さん、私ももう75歳、夜の10時をまわりました。だいぶ体にガタが来ています。でも、知子はおかげさまで元気になりまして、今まで苦労かけた分お返しをこれからどうするのか考えているところです。

もう、お金も大して残っていませんが、少しも惨めには感じていないんです。むしろ、今までになく『愛』につつまれているような気がします。『愛』なんて、前は恥ずかしくて使えない言葉でしたけど、今はこの木々や水面に映る景色、踏みしめている大地、すべてが愛おしくてなりません。そして、私は彼らに愛されていると感じるんです。

不思議なものですね、とても落ち着いた気持ちに浸っています。あなたがいろいろ教えてくれたからだと思います。いや、『私は何も教えてませんがのう』って言うんでしょうね。わかっています。私が自分で気づいたんですよね、この世界は美しいって。

本当に美しい世界だ。もし私にとって世界の終わりが近づいているとしても、もうそんなに悲しくはありません。それよりも、今ここでこう感じていられることが、とても幸せなんです。

実は私にも遅ればせながら孫ができました。かわいいものですね。孫と一緒にいると理屈じゃない愛を感じます。あの瞬間にいるだけでもう、何も怖くなくなります。奥野さんも学童擁護員をしているときにこんな風に感じていたんでしょうね――

「もう行きましょ」と知子が東条の手を引っ張る。東条は黙ってついていく。

――奥野さん、先日若森が挨拶に来ました。あいつニューヨーク支社長になりましてね、私の100倍くらいの成果を上げました。立派なもんです。感服です。私のような時代遅れではなく、本当にこの時代のグローバルビジネスマンになりました。あっちでもは結構いろいろな逆境を乗り越えたみたいで。若森が誇らしいです、心から。

そんなあいつも、もうそろそろ退職です。あれだけの実績だったからでしょうが、取締役になって最近まで活躍していたんですが。

そうそう、『よろず相談』ではないんですが、若森に頼まれて月に1回対面か電話で話をしているんです。これが今のボランティアです。私はもう今のビジネスのやり方にはついていけないんですが、あなたのようにただただ聞いて、適当に思いついた質問をするだけです。そうしたら何だか知らないけれど若森はどんどん自分で考えて、答えを出していくんです。面白いもんですねえ、人間って。あとね、月に1回は若森と一緒に食事をしているんです。妻も一緒です。これは一生続けると思います、大切な仲間ですからね。

日記も続けています。不思議なもので、日記に毎日小さないいことを書いていると、どんどんいいことが起きてくるような気がします。気のせいかもしれないけれど、それで十分なんです。

あなたと出会ったおかげで、本当に人生が変わりました。何だか、あなたに出会うためにそれまで生きていたような気がするほどです。私が仕事の事しか考えない大ばかだったからこそ、あなたと出会ったんですね。そうでなければ、あなたに話を聞いてもらおうなんて考えなかったでしょうし、あなたとの対話であんなに自分を見つめ直すことはなかったでしょう。

あの頃、私はあなたから「品格」を学び盗もうと考えていたんです。今考えると笑い話ですね。どうでしょう、こうやって生きてきて、少しは私にも「シニアの品格」が身についたでしょうか。

あなたを知らない時代があり、あなたと共に過ごした時間があり、あなたを失ってからの日々がありました。そして時間はこれからも流せるものは流し、流せないものは残し、流れ続けるんですよね。

不思議ですね。このすべてがいったいどういう仕組みでつながっているのか。あなたは一体今、どこにいるのか。まだまだわからない事がたくさんありますが、あなたはやっぱり教えてくれないんでしょうね――

春の風が心地よく東条の肌をなでた。

「そうですのう」

風の音にまぎれて、そう聞こえたような気がする。

「ああ、やっぱり聞いていてくれてたんですか。嬉しいなあ。ねえ、奥野さん、これでいいんですよね。私の人生はこれでよかったんですよね?」

――そうですのう……

また、そよ風に乗って、あのなつかしい声が聞こえたような気がした。

あとがき

まだ私が新入社員だった頃、父と一緒に大手の百貨店に靴を買いに行ったことがある。私はとりあえずこれからのサラリーマン生活で必要となる革靴を購入したのだが、父もその機会に新しい靴を買うことにした。息子と一緒に革靴を買うというのは、父親として何か特別なものだったのだろうと今なら想像できる。

当時の父は、50代後半、会社ではシニア人材、社会では中高年と呼ばれる年頃だった。その百貨店の販売員はしきりに「シニアの方は軽い靴の方がおすすめです」と安くて軽い靴を勧めていた。帰り道、父は「あの売り子、何度もシニア、シニアと言いやがって」と悪態をついていた。自分の考えを押し付けようとした販売員もどうかと思うが、そんな文句を言いながらも結局勧められた軽くて安い靴を買ってしまった父は、やはりとても父らしかった。

私はバリバリ現役時代の父よりも、エネルギーを少し失って「シニア」となった父から、より多くのことを学んだと確信している。

その頃から私は「シニア」というのは不思議な言葉だと感じていた。英語でseniorというと、確かに年長の意味だが、同時に上級という意味もある。シニア・コンサルタント、シニア・リーダー、シニア・マネジャー、シニア・エグゼクティブ、いずれも上級という意味で使われており、必ずしも年齢的に高齢ということではない。しかし、日本でシニアというと、高齢者をイメージすることが多いようだ。

日本のシニアは、単なる高齢者ではなく、人生の上級者として世の中にもっといい影響を与えられるはずなのに、「シニア」という言葉のニュアンスがそれを阻んでいるのではないか、そんなことを考えながら、本書の企画を進めた。

私は一度日系企業に勤めてからアメリカのビジネススクールに留学し、外資系企業に転職して海外勤務も経験した。現地の優秀な人たちと学んだり仕事をしたりする中で、平均的な日本人である自分に圧倒的に欠けているのは、人の心や組織を科学的に分析する心理学の知識や、哲学的な洞察力だと痛感した。このギャップを目の当たりにすると自分が幼稚に見えて仕方がなかった。周りに置いてきぼりにされないために、心理学、特にアメリカで生まれてビジネスの世界で活用され続けている「ポジティブ心理学」や「ストレングス理論」を勉強して仕事にも活かしてきた。これが「組織と個人を強くするコンサルタント」として仕事をする今の私の礎になっていると思う。また、今回執筆にあたってストーリーの下地にもなり、奥野老人のキャラクター形成に大いに役立った。

元々は、余命約20年の中高年が退職の時期を迎え、もはやどの組織にも所属しなくなり、威厳を失いながら世界に所属するだけという自由と不安を手に入れ、どのように「シニアの品格」を築くかを、ドタバタ喜劇のように描きたいと思っていた。

それは、「人生時計」の話をはじめとして、人生をもっとポジティブに生きよう、という前向きなエピソードがつまったものになる予定だった。しかし、私自身が頭の中で奥野老人と対話を進めていくうちに、それは私ごときの筆力ではとても喜劇としてまとめられるようなものではなくなった。そして、本書は幾分シリアスなものになった。

それがよかったのかどうかはわからない。また、本書は「シニアの品格」とは何か、という問いに対する明確な答えを出せてもいないかもしれない。しかし、本書をきっかけにいろいろなところで「シニアの品格」とは何か？　について真摯な対話・議論が起きることを期待している。それはこれからの世界、特に日本においてとても大切なことだと思う。

一介のビジネスマンでしかない私の企画を最後まで根気強くサポートし、いつも的確なアドバイスをしてくださった小学館の下山明子さんには本当に感謝している。下山さんに出会えたことによりこの企画をより有意義なものに飛躍させ、私自身もモチベーションを維持することができたと思う。

また、父親そして夫として「品格」のかけらもない私に付き合ってくれている家族にも大いに助けられた。前半部分を試し読みして厳しく指摘してくれた妻、いつも私を小ばかにしながらもいい空気を作ってくれている息子と娘、さらには生きることの美しさを教えてくれた母と2人の姉にも感謝の言葉が思いつかない。特に、本書完成直前に他界した姉からは多くのインスピレーションをもらった。今ごろは下界のしがらみから逃れて心おきなくシャンソンを歌っていることだろう。

そして、酒を飲みながらばかっ話をしつつ、人生についてあれこれ考えさせてくれる先輩方、仲間のみなさん、本当にありがとう。

小屋一雄

参考文献

『キャッチャー・イン・ザ・ライ』J・D・サリンジャー　村上春樹訳（白水社）
『長寿と性格』ハワード・S・フリードマン／レスリー・R・マーティン　桜田直美訳（清流出版）
『ゲシュタルト療法―その理論と実際』フレデリック・S・パールズ　日高正宏／倉戸由紀子／井上文彦／倉戸ヨシヤ訳（ナカニシヤ出版）
『さあ、才能（じぶん）に目覚めよう―あなたの5つの強みを見出し、活かす』マーカス・バッキンガム／ドナルド・O・クリフトン　田口俊樹訳（日本経済新聞出版社）
『本当の勇気は『弱さ』を認めること』ブレネー・ブラウン　門脇陽子訳（サンマーク出版）
『自由からの逃走』エーリッヒ・フロム　日高六郎訳（東京創元社）
『夜と霧』ヴィクトール・E・フランクル　池田香代子訳（みすず書房）
『意味による癒し』ヴィクトール・E・フランクル　山田邦男訳（春秋社）
『中原中也詩集』中原中也　吉田ヒロオ編（新潮文庫）
『人生は廻る輪のように』エリザベス・キューブラー・ロス　上野圭一訳（角川文庫）
『7value セミナーワークブック』（ザ・アカデミージャパン社研修資料）

小屋 一雄 こや・かずお

1966年東京都生まれ。三菱自動車工業株式会社を経て、サンダーバード国際経営大学院にてＭＢＡ取得。その後、AIG、GM（ゼネラル・モーターズ）、ギャラップ社などでマネジャー職を歴任。GMでは、デトロイト本社で勤務し、中国などアジア市場でのマーケット戦略を担当。ギャラップ社では、日本法人立ち上げから参画しコンサルタントとしてグローバル企業をサポートした。2009年にユーダイモニアマネジメント株式会社を設立し、現在は強みを活かした人材育成、組織づくり、エグゼクティブ・コーチングなどに従事している。

カバーデザイン　渡邊民人（TYPEFACE）
本文デザイン　清水真理子（TYPEFACE）
イラスト　曽根 愛

編集　下山明子

シニアの品格

2016年6月26日　初版第一刷発行

著　者　小屋一雄
発行人　菅原朝也
発行所　株式会社　小学館
〒101-8001
東京都千代田区一橋2-3-1
電話　編集　03（3230）5724
販売　03（5281）3555

印刷所　大日本印刷株式会社
製本所　牧製本印刷株式会社

　ISBN978-4-09-388481-5